Rudolf Steiner Lichtwesen Schmetterling

Rudolf Steiner

Lichtwesen Schmetterling

Drei Vorträge mit ergänzenden Ausführungen

Mit einer Einführung von Wilhelm Hoerner

Herausgegeben von Taja Gut

RUDOLF STEINER
VERLAG

2. Auflage 2014

Buchgestaltung: Karin Gruber
Umschlagabbildung: Charlotte Fischer
Druck und Bindung: Druckhaus Nomos, Sinzheim
Printed in Germany

ISBN: 978-3-7274-5396-0
www.steinerverlag.com

INHALT

Einführung in das Schmetterlingswesen

von Wilhelm Hoerner

VORWORT

Die reinsten Farben, die wir als Erdenmenschen sehen können, sind die Farben des Regenbogens und die grünen und blauen Farben auf Schmetterlingsflügeln. Sie werden hier deshalb reinste Farben genannt, weil sie überhaupt keinen Farbstoff oder irgendeine gefärbte Materie enthalten. Sie entstehen allein durch ein besonderes Zusammenwirken von Dunkelheit und Licht. Das «Urphänomen», der zugrundeliegende Vorgang dieser Erscheinungen, kann am Himmel abgelesen werden: Hinter der vom Sonnenlicht durchwirkten Licht-Luft-Atmosphäre wird der schwarze Hintergrund des Weltalls ohne irgendeinen Farbstoff aufgehellt zum schönsten Himmelblau. Und wenn das Licht dem Beschauer gegenüber durch trübdunkle Wolkenschichten dringen muß, erlebt er die vielfachen Abstufungen von Rot und Gelb im Morgen- und Abendrot, wieder ganz rein, ohne Farbträger. So entstehen diese Farben am Himmel durch «Taten und Leiden des Lichtes».

Dieses Goethe-Wort klingt geheimnisvoll, aber das Geheimnis kann offenbar werden, wenn wir die Geduld dazu aufbringen. Taten und Leiden sind Erfahrungen von lebendigen Wesen. Leiden kann auch die Tierseele, Taten gehen aus dem Geist des Menschen hervor. Hier sind saubere Unterscheidungen gefordert. Wenn von Taten und Leiden des Lichtes gesprochen wird, dann zeigt das deutlich, daß dabei an ein unsichtbares, aber im Licht und als Licht existierendes geistiges Wesen gedacht wird. Auch diese Geist-Wesen des Lichtes tragen die Weisheit ihres Werdeganges in sich. Deshalb konnte Rudolf Steiner in einem anderen Zusammenhang sagen: «Weisheit lebt im Licht.» Die geistige Welt mit ihren verschiedenen Wesenheiten war in den früheren Zeiten des Werdeganges von Mensch und Erde noch allgemein wahrnehmbar. Damit der Mensch sein weiteres Erdendasein mit all den damit verbundenen Erfahrungen in voller Wachheit wahrnehmen kann, mußten die geistigen Wahrnehmungen verdämmern. – Heute leben Wissen und Erfahren der geistigen Welt in vielen Zeitgenossen langsam wieder auf. Dieses Buch kann zu einer wirksamen Hilfe bei diesem Aufwachen für die Wirklichkeit der Welt des Geistes werden.

In seinem geschriebenen Grundwerk *Die Geheimwissenschaft im Umriß* führt Rudolf Steiner in dem Kapitel «Die Weltentwicklung und der Mensch» gründlich aus, woran er im nachstehenden Vortrag vom 28. Oktober 1923 als Grundlage für ein sachgemäßes Verständnis des Schmetterlingswesens erinnert. Unserem heutigen Erdplaneten gehen drei große, mit irdischem Zeitmaß nicht meßbare Werde-Epochen voraus, die sogenannte Saturn-, Sonnen- und Mond-Epoche. Diese Bezeichnungen haben zunächst keinen Zusammenhang mit den heute so bezeichneten Gestirnen. «Saturn, Sonne und Mond sollen eben Namen für *vergangene* Entwicklungsformen sein, welche die Erde durchgemacht hat.» Was man heute «die vier Elemente» zu nennen pflegt, begann sich erst langsam und getrennt von einander zu bilden. Auch handelt es sich bei diesen als Feuer, Wasser, Luft und Erde bezeichneten Elementen jeweils um Vorstufen der heutigen Elementar-Zustände, die auch nicht einfach als Aggregatzustände der Materie aufzufassen sind, weil Materie im heutigen Sinn noch nicht existierte, sondern sich durch geistige Wesen und Wirkungen erst zu bilden begann.

Am 28. Oktober 1923 schildert Rudolf Steiner den Werdegang der heute auf Erden bestehenden vier Reiche, angefangen mit dem Menschen. Die Entwicklung beginnt mit dem Kopf des Menschen, an den sich später Brust- und Gliedmaßen-Organisation anschließen. Das alles geschieht in der Vorstufe dessen, was heute als Wärme erscheint, und ist die «Substanz, aus der alles gebildet wird». Den verschiedenen Bereichen einzelner Organbildungen eignen verschiedene Wärmezustände, die sie aber behalten und untereinander nicht ausgleichen. Auf die gleiche Weise entsteht der Mensch heute in der wärmenden Hülle des Mutterleibes, beginnend mit dem Haupte, von dem aus dann stufenweise der ganze Mensch gebildet wird. – Bei der Erdentwicklung kommen im Licht-Luft-Bereich der planetarischen Sonnenmetamorphose das Tierreich, im Wässerigen der Mondenmetamorphose das Pflanzenreich und erst auf der Erde alles Mineralische hinzu.

Als allererster Tier-Stamm sind im Urbeginn des Saturn-Daseins die Gliedertiere veranlagt worden, die heute 75 Prozent aller Tierarten ausmachen. Zu diesem Stamm gehört auch schon die Ordnung der Insekten. Diese Wesen sind ähnlich wie der Mensch dreigegliedert in Kopf, Brust und Gliedmaßenleib. Das Saturn-Sonnen-Wärme-Licht-Luftige, das Obere, ist ihr Lebensbereich. Ihre schönsten und größten Arten sind die aus der Ordnung der Schmetterlinge. Der voll entwickelte Schmetterling «wird getragen von den Wogen der Luft. Er berührt eigentlich kaum, was mond-erdig-wäßrig ist. Sein Element ist dasjenige, was oben ist.» (Vgl. S. 48) Seine drei vorangehenden Werdestufen Ei, Raupe, Puppe sind an die Erde gefesselt. Der ausgeschlüpfte Falter jedoch ist ganz an Wärme, Licht, Luft und Sonne hingegeben. Die Befreiung vom Erden-Element geht sogar so weit, daß Partnersuche, Paarung und Eiablage ohne weitere Nahrungsaufnahme möglich sind. Bei einigen Arten sind die Organe zur Nahrungsaufnahme zurückgebildet. Wenn die Schmetterlinge fleißige Blütenbesucher und dabei Bestäuber sind, dann geschieht das aus Freude an der süßen Nektar-Nachspeise. Denn als Raupe hatte man ein so gefräßiges Leben zu führen, daß öfter die Haut aufplatzen mußte, damit man weiter wachsen konnte. Wasser sucht der Schmetterling allerdings gerne auf feuchten Waldwegen, weil er sonst in seinem kurzen Schmetterlingsdasein zu schnell austrocknen müßte.

Nun wollen wir uns den vier großen Metamorphosenstufen im einzelnen zuwenden, um sie genauer wahrzunehmen.

DAS EI

Schon die Eier der 165000 beschriebenen Schmetterlingsarten sind Naturkunstwerke. Die Vielfalt der Formen ist unüberschaubar. Bestimmte Formen geben Hinweise auf bestimmte Familien. Da erscheinen reine Kugelformen, halbkugelige, reiskornähnliche, schuppenartige oder platte linsenförmige Gebilde, solche, die an Brotlaibe oder Fläschchen, an Kegel, Spindeln oder zylindrische Tönnchen erinnern, aufrecht stehende und liegende Eier. Ihre Größe schwankt zwischen 0,25 und 2,6 mm. Auf ihrer Unterlage, meist der Unterseite von Blättern der Futterpflanze, sind sie festgeklebt. Auch ihre Oberflächen sind sehr verschieden. Kanten und Rippen, zwischen 20 und 50, überziehen die Oberfläche. Neben den ganz glatten gibt es grob und fein gekörnte oder wie mit einem Netz überzogene. Die

Frage, für wen ist das gedacht, drängt sich auf. Aber sie ist müßig. Es ist.

Jedes Ei hat eine winzig kleine Eingangspforte, die Mikropyle, für die Spermien, mit denen es unmittelbar bei der Ablage befruchtet wird, und für die zur Entwicklung des Embryos erforderliche Luft und Feuchte. Auch die Art, wie und wo die Eier abgelegt werden, ist sehr verschieden: einzeln oder in Paketen zu 40 bis 60 Stück. So kann zum Beispiel das Tagpfauenauge in 30 Sekunden bis zu 150 Eier in den oberen Teil einer Brennesselpflanze ablegen. Der Schwammspinner bringt sein Gelege von 2000 Eiern in einem Baumast an und bedeckt es mit den braunen Haaren von seinem Hinterleib, so daß das Ganze wie ein Baumschwamm aussieht und auf diese Weise geschützt auch den Winter überdauert. Manche Arten müssen einen tagelangen Suchflug unternehmen, um die Futterpflanze für die Nachkommenschaft aufzuspüren, etwa der Storchschnabelbläuling. Er legt seine Eier nur an die Griffelbasis des Sumpfstorchschnabels. Es müssen also folgende Voraussetzungen zusammenstimmen: Das Weibchen muß befruchtet sein. Es muß, oft durch langes Suchen, die nicht sehr häufige Futterpflanze finden. Und die Blüte muß voll aufgeblüht sein, damit die Griffelbasis erreicht werden kann. Wieder die Frage: Warum so kompliziert? Ein Beispiel für den unendlich harmonischen Zusammenklang aller Wesen in der Schöpfungswelt. – Die zahlreichen Arten der braunen Augenfalter leben im Raupenzustand an Gräsern. Deshalb lassen die Weibchen die Eier im Fluge über Grasbestände fallen. Alle Arten der Eiablage aber geschehen so, daß die Eier oder die ganze Ablagestelle immer vom Sonnenlicht erreicht, beleuchtet und erwärmt werden können.

In den beiden ersten Werdestufen unserer Erde, in der alten Saturn- und der Sonnenzeit, wurden besonders die oberen Bereiche von Wärme, Licht und Luft ausgebildet (siehe S. 49). Da liegt der Übergang aus der geistigen Schöpfer-Wesens-Welt in die elementaren Vorstufen dessen, was wir heute Materie zu nennen pflegen. Im Verlauf dieser Darstellung wird aufscheinen können, wie der lebendige Schmetterling durch seine Flügel mit ihren Schuppen und ihrem Schmelz fortwährend vergeistigte Materie an den Kosmos, an die Geistwelt zurückgibt. Das zeigt das Naturgeschehen in einer zwölffachen Metamorphose vom Ei bis zum fliegenden Schmetterling.

Die erste Stufe dieses Wandlungsweges ist das im Mutterleib des Tieres in seiner oben beschriebenen Vielfalt kunstvoll gebildete Ei, das im Sonnenlichtbereich abgelegt und durch die bei der Begattung in der Samentasche des Weibchens deponierten Samen befruchtet wird. Dabei erfährt das Ei seine erste Berührung mit der Erde. Die Elemente Feuer, Luft, Wasser und Erde haben als geistige Zwillinge die Ätherarten Wärme-Äther, Licht-Äther, Klang-/chemischer Äther, Lebens-Äther. Elemente und Ätherarten wirken im Wachstumsgeschehen in polarisierender Weise zusammen. Schon nach wenigen Tagen kann sich das Ei verformen und ins Dunkle verfärben. Das ist ein Zeichen, daß vom Keimling aus die Chaotisierung der Speichersubstanz und die Embryonalbildung begonnen hat. In drei bis zwanzig Tagen – je nach Art und Gesamtwetterlage – ist die winzig kleine Raupe ausgebildet. Das ist die zweite Stufe der Metamorphose. «Chaos und Bildung» kann man sie nennen. Die dritte Stufe ist dann das «Schlüpfen» der Raupe. Das winzig kleine Lebewesen mit schwarzem Kopf und dünnem Leib hat die Vorratsstoffe im Ei aufgezehrt und nagt jetzt das Ausschlupfloch in die Eischale. Die ganz kleinen «Schwärzlinge» der meisten Arten wenden sich sofort nach dem Schlüpfen zur Eihülle zurück. Diese wird als erste Nahrung in dem neuen Dasein bis auf den angeklebten Boden aufgezehrt. Die Eischale besteht nicht aus Chitin, dem Hauptbaustoff der Insekten, sondern aus einer Eiweiß-Fett-Kombination. – Eiform – Embryowachstum – Ausschlüpfen der Raupe sind die drei ersten Metamorphosen im Schmetterlingswerden.

DIE RAUPE

Auch die Raupe lebt und wirkt in drei deutlich zu unterscheidenden Metamorphosen. Das ausgeschlüpfte, winzig kleine Lebewesen wird meist als Würmchen bezeichnet. Der Wurm im Apfel ist aber kein Wurm wie der Regenwurm, sondern die Raupe des Apfelwicklers. Auch vom Seidenwurm hat man lange gesprochen, wenn die Raupe des Seidenspinners gemeint war. Das Wort Raupe gehört vermutlich zu der germanischen Wortwurzel *rubjo* = borstig, die auch in den Wörtern ruppig, robben, Robbe enthalten ist. Die wissenschaftliche Bezeichnung ist Larve. Die Laren, lat. *lares*, sind die guten Hausgeister der Verstorbenen, während *larva* das bösartige Gespenst, die Maske, die Larve bedeutet. Das Wort Larva wird seit dem 18. Jahrhundert für ein tierisches Entwicklungsstadium gebraucht. Hier nehmen wir ein wesentliches Prinzip im Leben des Schmetterlings wahr: die radikale Verschiedenheit der vier Zustände Ei, Raupe, Puppe, Schmetterling. Im Blick auf eine Raupe kann man ohne Vorkenntnisse zunächst nicht auf den Gedanken kommen, daß und wie daraus ein Schmetterling werden soll. Deshalb mußte diese Metamorphose im 17. Jahrhundert durch Maria Sibylla Merian unabhängig von anderen Forschern für die abendländisch-christliche Menschheit neu entdeckt werden.

Die Raupen sind alle vollendet maskiert und ihrem Lebensraum vollkommen angepaßt. Dieser Lebensraum ist die Futterpflanze. Die grüne Raupe des Zitronenfalters macht sich fast unauffindbar, wenn sie auf der Mittelrippe ihres Faulbaumblattes in Ruhestellung verharrt. Auch die braun schattierten Raupen sind selbst aus der Nähe nicht zu erkennen, wenn sie an die Zweiglein ihrer Futterpflanze fest angeklammert sind. Die Raupe des Schillerfalters ist grün wie ihr Futter, die Salweidenblätter. Zur Überwinterung kriecht sie in die Zweiggabeln hinab. Dort wird sie braun, wie der Weidenzweig. Im Frühling wechselt sie nach der ersten Futteraufnahme wieder die Farbe und wird wieder grün. Die meisten Raupen sind durch ihre Vielfarbigkeit und Zeichnung weit schöner als ihre Schmetterlinge. Dies gilt besonders für die große Familie der Eulenfalter. Das Zustandekommen mancher Farben, zum Beispiel des Grüns, ist noch nicht genügend bekannt. Über die Maskierungen und das vielfältige Tarnverhalten der Raupen aber ließe sich seitenlang berichten.

Mit «Wachsen und Häuten» der Raupe kann die vierte Metamorphose im Schmetterlingswerden bezeichnet werden. Abwechselndes Fressen, Ausruhen davon und Weiterfressen bewirken ein ununterbrochenes Wachsen. Das Verhalten zum Pflanzenfutter zeigt jedoch bereits wieder sechs verschiedene Möglichkeiten: Die Bärenspinner können alle Pflanzenarten fressen; die Gammaeule viele Arten, der Schwalbenschwanz einige Arten aus einer Pflanzenfamilie, der

Apollofalter nur eine einzige Pflanzenart. Die meisten Raupen fressen außerhalb, die Miniermotten und Bohrer dagegen innerhalb, in der dünnen Schicht zwischen Ober- und Unterseite des Pflanzenblattes.

Die Außenhaut der gierig fressenden Raupe kann nicht mitwachsen. Das Tier fühlt sich allmählich wie von innen erdrückt. Ihr Größerwerden verdankt die Raupe der Möglichkeit, daß sie im wahrsten Sinne des Wortes «aus der Haut fahren» kann. Das ist aber kein angenehmer Vorgang. Die Raupe wird unruhig, überempfindlich und hört auf zu fressen, um, oft auf weiten Wegen, einen geeigneten Häutungsplatz zu suchen. Wenn sie ihn gefunden hat, sitzt sie manchmal bis zu drei Tagen festgekrallt oder angesponnen regungslos still. Sogar über eine Woche kann bei manchen Arten diese Werdepause dauern. Die Raupe kann nicht mehr weglaufen.

Das Ablegen der alten, starr gewordenen Außenhaut, die aus Chitin, dem Baustoff der Insekten, besteht, ist dadurch möglich, daß die lebendig bleibende Unterhaut, längs des Raupenkörpers wie in Falten liegend, schon auf ihre Befreiung wartet. Jetzt reißt die alte, starre Außenhaut über Kopf und Nacken auf. Gleichzeitig geben Häutungsdrüsen ihr Sekret zwischen Außen- und Unterhaut ab. Die Raupe streckt den Kopf und die Brustsegmente mit den nachgewachsenen sechs echten Insektenbeinen aus dem Riß heraus und kann jetzt mit den Beinen die feste Unterlage ergreifen und den ganzen Leib aus der an der Unterlage festsitzenden, alten, harten Außenhaut herausziehen. Diese Häutungen sind ein schweres Geschäft, weil bei der Häutung auch die Auskleidung von Mund, Atemöffnungen und After, als zum äußeren Keimblatt gehörig, mit ausgewechselt werden müssen. Deshalb ist die Raupe nach der Häutung noch eine Zeitlang schwach und empfindlich. Die mühsam abgelegte alte Haut wird von manchen Arten, zum Beispiel vom Gabelschwanz, wie die Eischale aufgezehrt. – Mindestens sind es zwei, bei den meisten Arten aber vier bis fünf solcher Häutungen, die im Raupendasein durchzumachen sind. Die Kleidermotte, ein Kleinschmetterling, hat 13 bis 17 Häutungen durchzumachen.

Der walzenförmig gestreckte Leib der Raupen ist derart gleichförmig, daß Kopf, Brust und Hinterleib, die sich beim Schmetterling deutlich zeigen, kaum zu unterscheiden sind. Durch leichte Einziehungen ist der Raupenleib in Segmente gegliedert. Dem Kopf und den drei Brustringen, welche die drei Paare echter Insektenbeine tragen, schließen sich zehn gleichgestellte Hinterleibssegmente an. Das Tier umfaßt somit 14 Glieder. Fünf dieser Hinterleibsglieder haben je noch ein Beinpaar. Diese «Bauchfüße» sind nicht untergliederte Hautausstülpungen. Am Fuß haben sie viele kreisförmige Borsten, mit denen sich die Raupen festsaugen und anklammern können. Das letzte, am vorletzten Segment sitzende Beinpaar wird Nachschieber genannt. Bei der Fortbewegung der Raupen werden die Beinpaare vom Leibesende anfangend nacheinander vorgesetzt. Dadurch erscheint der Raupenleib wie von einer vorwärtsflutenden Welle durchströmt und vorangetragen. Die Familie der Spanner macht als Raupe mit nur fünf Beinpaaren beim Kriechen mit dem ganzen Leib eine Schleife nach oben.

Was die Vielfalt der Farben, Formen und Hautausstülpungen bei den Raupen betrifft, so soll hier nur ein Wort zur Behaarung gesagt werden. Bei dem Prozessionsspinner können bis zu 360 000 Brennhaare auf einem einzigen Individuum wachsen. Diese Haare sind nur 0,2 mm lang und 0,003 mm dick und so leicht zerbrechlich, daß man noch nicht genau weiß, ob die von ihnen hervorgerufenen Schädigungen mechanisch durch Zerbrechen oder chemisch durch Gift hervorgerufen werden. Den Namen Prozessionsspinner hat diese Art bekommen, weil die in Gemeinschaft lebenden Raupen in langen Reihen hintereinander vom Futterbaum zum Schlafbaum und zurück einen Prozessionszug veranstalten. Dabei ist die Feinfühligkeit der Raupen gegenüber leisesten Erschütterungen auch der Futterpflanze und dem gesamten Wärme-Licht-Luft-Feuchtigkeits-Umkreis außerordentlich groß und umfassend ausgebildet. Mit je sechs Punktaugen beiderseits des Kopfes kann die Raupe, nach Meinung einzelner Forscher, nichts deutlich sehen.

Nach der Metamorphose von Wachsen und Häuten ist der andere umfassende Lebensbereich jeder Raupe die Fähigkeit der Verwandlung des Sonnenlichtes in den seidenen Faden. Dem geht aber die Verwandlung des Sonnenlichtes in das Blattgrün und andere irdische Substanzen voraus. Dieses Blattgrün wird durch starke Mundwerkzeuge hauptsächlich mit den Blättern, aber auch von anderen Teilen der Pflanzen aufgenommen. Viele Raupenarten haben in der Oberlippe einen Einschnitt, eine Art Führungsrinne zum Festhalten des Blattrandes beim Abnagen. Manche essen ihren «Teller» leer, das heißt sie verzehren das ganze Blatt mit Stumpf und Stiel. Andere nagen es nur außen herum an oder fressen Fenster heraus. Wieder andere lassen nur die Mittelrippe und die Seitenadern der Blätter stehen. Fast alles aus dem Sonnenbereich der Pflanzen kann von spezialisierten Arten gefressen werden, so auch Samen, Wurzeln, Rinden, Holz, Moderholz sowie ganz trockene Substanzen wie Wachs, ja sogar Häute, Haare und Federn. Nur Farne und Moose scheinen niemals gefressen zu werden. – Angesichts der maßlosen Freßgier der Raupen stellt sich in unserem Denken sofort die «Schädlingsfrage» ein. Im Mischwald von Laub- und Nadelbäumen bleibt der Schaden durch eine Massenvermehrung immer in Grenzen. Schädlich werden sie nur dort, wo man im Gegensatz zur Natur große Monokulturen in Wald und Feld angelegt hat. Auf diese Weise gibt der Mensch zuerst die Veranlassung zu größerem Schaden. Von und in der Eiche leben beispielsweise über 200 Tiere, davon der größte Teil Insekten, 69 davon Schmetterlinge. Natürlich sind nicht alle Arten zugleich auf einem Baum. Diese «Bevölkerung» hat aber nicht das Absterben der Eiche zur Folge. Im Gegenteil: Durch das tierische Leben wird die wuchernde Vitalität der Pflanzen in einem heilsamen Gleichgewicht des gesamten Naturlebens gehalten.

Wir sollten verstehen lernen, daß dieses ununterbrochene Fressen-Müssen und durch die nicht mitwachsende Außenhaut sich dauernd wie von innen her Erdrückt-Fühlen der Raupe in Wirklichkeit ein anhaltender Opfergang für Zukünftiges ist. Die Raupe des Seidenspinners wiegt beim Schlüpfen aus dem Ei 0,47 Milligramm, am Ende ihrer Entwicklung, nach 33 Tagen, 3,65 Gramm. Nur zum vollen Erfassen dieses Raupenwachstums bitte ich, den erschütternden Vergleich mit dem Menschenwachstum zu erlauben: Ein Mensch, der bei der Geburt 3,5 kg wiegt, müßte beim Wachstumstempo der Seidenraupe nach 33 Tagen 27,18 Tonnen schwer sein! Dies zum Verständnis des Wortes «Opfergang» für das Raupendasein. Dabei ist die Raupe völlig ungeschützt und hat keine wirksamen Möglichkeiten, sich zu verteidigen. Wenn von 100 Schmetterlingseiern zwei das Werdeziel des Schmetterlings erreichen, ist der Bestand der Art gerettet. Die übrigen Eier, Raupen und Puppen dienen im ungestört ausgeglichenen Haushalt der Natur anderen Tieren als Nahrung.

Besonders auffallend sind bei der Raupe die vielen Arten von Drüsen. Da gibt es Hautdrüsen für die Drüsenhaare, Drüsen für die ausstülpbare Nackengabel, Bauchdrüsen, Wachsdrüsen, Speicheldrüsen, Hormon- und Geschlechtsdrüsen. Die beiden für die Raupen charakteristischen und wichtigsten Drüsenarten sind die Spinndrüsen und die Häutungsdrüsen. Vier verschiedene Arten von Häutungsdrüsen sind bei den Häutungen und bei der Verwandlung zur Puppe beteiligt. Die zwei Spinndrüsen sind so mächtig, daß sie ein Viertel des Körpergewichtes ausmachen. Sie liegen schlingenförmig beiderseits des Darmes und können die fünf- bis sechsfache Länge des ganzen Tieres haben. Die Rohsubstanz für die Spinndrüsen bildet sich im Fettkörper, der den verdauten Darminhalt aufnimmt. Die Spinndrüsen verwandeln diese Vorgabe in flüssige Seidensubstanz. Der Inhalt beider Spinndrüsen läuft in der Spinnröhre zusammen und tritt aus der Spinnwarze an der Unterlippe der Raupe aus. Alles, was die Raupen aus dem Seidenfaden machen können, wird nur durch Drehen und Wenden des Kopfes mitsamt dem Oberkörper auch nach rückwärts möglich. Alle Raupen können Seide spinnen. Aber die Verwendungsmöglichkeiten sind höchst verschieden: als Leitfaden, um ins Versteck zurückzufinden, als Gespinstfaden zum Schutz oder als Windschaukel zur Tarnung. Um an einer Glasscheibe hochkriechen zu können, kleben die Raupen eine aus Fäden gelegte Strickleiter auf die Scheibe, an der sie selbst aufsteigen können.

Die Raupe des Kleinen Eisvogels sägt von einem Espenblatt an dessen breitester Stelle den Spitzenteil quer durch ab. Dann verspinnt sie die beiden äußersten Stellen des stehengebliebenen Teiles hinüber und herüber mit Seidenfäden. Diese sind unmittelbar nach dem Austritt aus der Raupe noch feucht. Indem sie trocknen, verkürzen sie sich so, daß die beiden Seitenränder zur Mitte hier zusammengezogen werden, bis eine geschlossene Blatt-Tüte entstanden ist. In diesem Winterhäuschen verbringt die Raupe den Winter. Auch Rauhreife und Fröste werden so überstanden. Wenn sonst nichts geschähe, würde das Ganze, wie jedes Blatt, abfallen. Das «weiß» aber auch die Raupe! Deshalb hat sie schon vor dem Beginn des Winterhausbaus die Basis des Blattstiels mit seinem Zweiglein so fest versponnen, daß weder Herbststürme noch Winterkälte das Blatt und die zarten Seidentaue losreißen können. In allen derartigen Verrichtungen wirkt eine überzeitliche Intelligenz, die in der Vergangenheit, Gegenwart und Zukunft gleichzeitig schöpferisch tätig ist. Man hat sich gewöhnt, dafür das Wort «Instinkt» zu gebrauchen und meint damit einen Naturtrieb zu bestimmen Handlungsweisen. Wenn der große Insektenforscher Jean-Henri Fabre gesagt hat, «Instinkt ist das Werk einer göttlichen Intelligenz», so ist das nicht rundweg abzulehnen. Alle kosmische Intelligenz ist das Verhalten geistiger Wesenheiten im allumfassenden Geist. – Die Frage nach der «kosmischen Intelligenz» stellt sich auf jeder Stufe des Schmetterlings-Werdeganges neu, so auch beim Überwintern. Untersucht man diesen Bereich, so ergeben sich – mit kleinen Verschiedenheiten – erstaunliche Tatsachen: Als Ei überwintern 3,5 Prozent der Arten, im Raupenzustand 66 Prozent, als Puppe 28 Prozent und als Falter 1,5 Prozent. Zu diesen zählen das Tagpfauenauge, der Kleine Fuchs und der Zitronenfalter.

Nach diesem Einschub über eine Spezialverwendung der Seide und die Überwinterungsmöglichkeiten spinnen wir weiter am seidenen Faden. Was ihm ursprünglich zugrundeliegt, stammt aus dem Blattgrün der Raupennahrung. Und dieses Blattgrün ist Sonnenwirkung auf Erden. In dem langen, hauchdünnen Seidenfaden, von dem 2000 Meter nur 0,2 Gramm wiegen, wird das raumergreifende Weben des Lichtäthers im Zusammenwirken mit dem Wasserelement anschaubar. So vollzieht bereits die Raupe beim Seidespinnen eine Art Rückführung der Elemente in den Leichtebereich. Die Seide ist ein ganz einzigartiges Naturprodukt. Der Seidenfaden ist über ein Viertel seiner Länge dehnbar und zieht sich bei Entlastung wieder zusammen.

Vor 5000 Jahren war der Seidenspinner in China ein erstes, göttlich verehrtes und mit größter Rücksichtnahme gepflegtes Haustier. Auf einem Hügel in den kaiserlichen Gärten stand der Tempel der Seidengöttin. Umpflanzt von einem Maulbeerhain befand sich dort der leuchtend weiße Altar zur kultischen Waschung des «Seidensamens», der Eier des Seidenspinners. Beim großen Frühlingsfest sammelte die Kaiserin mit goldenen Sichelchen die Maulbeerblätter als Futter für die «erhabenen Seidenwürmer». Die von der Kaiserin feierlich durchs Wasser gezogenen Eier wurden dann den sechs «Raupenmüttern» zur Pflege übergeben. Diesen Staatskult für die «Ahnfrau des Fadens» vollzogen die Frauen der Würdenträger im Reich der Mitte jahrtausendelang am gleichen Tag. Schon 2000 v. Chr. gab es einen eigenen «Seidenkalender», der dies ermöglichte. – In den «Geburtszimmern» durfte nicht der geringste Geruch und auch keinerlei Geräusch vorhanden sein. In der ersten Zeit erhielten die Räupchen 48 Mal pro Tag eine Mahlzeit aus aufs feinste geschnittenen

Maulbeerblättern. Als Pflegerinnen waren nur junge Frauen von 16 bis 25 Jahren zugelassen. Sie mußten manche Speisen meiden, durften nichts Duftendes an sich haben und weder krank noch traurig sein. In lautlosen Bewegungen und absoluter Ruhe schwebten die Betreuerinnen durch die «Kinderzimmer». Wer eine Tür offen stehen ließ, wurde entlassen. – Die jahrtausendelange Vertrautheit mit der Zucht dieser zartesten Wesen hat die Menschen ebenfalls verfeinert, erzogen und wesentlich zur hohen Kultur der Chinesen beigetragen. Kultur ist immer aus der Pflege der Erde und der Herzen aufgeblüht.

Die Verwandlung des Sonnenlichtes in Seide ist die fünfte Stufe der zwölffachen Metamorphose des Schmetterlings. – Für ihre Lebenszeit und ihren Lebensraum ist die Raupe ein angepaßtes, fertiges und vollkommenes Wesen. Bei allen Häutungen erscheint immer wieder eine Raupe. Am Ende ihres Raupendaseins tritt jedoch eine radikale Metamorphose in Erscheinung: Die Zukunft wirkt prophetisch herein. Ein erst Werden-Sollendes kündigt sich an. Augen, Fühler und Flügel des zukünftigen Schmetterlings zeigen sich zart modelliert auf der Puppe. Nur von dieser Zukunft, das heißt von der Ganzheit her gesehen, ist die Raupe zugleich auch ein unfertiges, ein Übergangswesen. Die Polarität von fertig und «übergänglich», von gegenwärtig Seiendem und zukünftig Werdendem charakterisiert auch das Wesen des Menschen. Diese Polarität ist nicht nur eine äußere Tatsache oder eine echte Paradoxie, vielmehr manifestiert sich darin das ununterbrochene Zusammenwirken der äußerlich unsichtbaren Geistwelt mit der sichtbaren Erdenwelt. Es gehört zum wahren Menschwerden, diese Spannung nicht nur auszuhalten, sondern in ihr und durch sie langsam zu lernen, wie wir den Sinn unseres Mensch-Seins auf Erden erfassen können. Das vielfache Wandlungsgeschehen im Werdegang der Schmetterlinge birgt auch die Urbilder für den geistigen Werdegang des einzelnen Menschen und der ganzen Menschheit.

Wenn die Zeit der Verpuppung herankommt, nimmt die Raupe keine Nahrung mehr auf. Sie fastet gründlich und reinigt sich von allen Verdauungsrückständen. Dann beginnt bei vielen Arten eine ruhelose Wanderschaft über weite Strecken, bis der rechte Ort für die Puppenruhe gefunden ist. Es ist schon vorgekommen, daß Raupen in solchen Massen zu einem Verpuppungsort wanderten, daß die beim Überqueren von Autobahnen und Eisenbahnlinien zerfahrene Masse ihrer Fettkörper die Räder der Fahrzeuge einen Augenblick durchdrehen ließen.

Entsprechend den vier Elementen und den mit ihnen verschwisterten Ätherarten, die das Obere, das Leichte, das Umfassende repräsentieren:

Feuer	Luft	Wasser	Erde
Wärmeäther	Lichtäther	Klangäther	Lebensäther

haben auch die vom Urbeginn her mit dem Werden von Mensch und Erde verbundenen Schmetterlinge vier Arten und Weisen, den schweren Übergang von der Raupe zum Schmetterling zu vollziehen. Dabei haben es die Schmetterlingsfamilien der Schwärmer und Eulen am allerschwersten. Ihre Raupen bohren sich verschieden tief in die Erde ein und bauen sich am Ende der Röhre eine richtige Grabkammer. Manche kleiden diese Kammer auch noch mit hereingezogenen Holzspänen aus, die sie, wie einen kostbaren Sarg, mit Seide überziehen. Solche zu einem ganzen Erdklumpen zusammengebackenen Gebilde können beim Ackern oder beim Umgraben des Gartens in Spatentiefe zum Vorschein kommen. Viel tiefer noch graben sich manche Schwärmer-Raupen in die Erde ein. Einige afrikanische Arten bohren bis zu 7 Meter tief, um in Trockenzeiten nah bei der Erdfeuchte zu sein. Die lange Röhre wird mit Seidenfäden ausgesteift, damit der geschlüpfte Falter sie auch zum Auskriechen benützen kann. Bei anhaltenden Trockenzeiten kann der fertige Falter in der Puppe jahrelang «überliegen» und «warten», bis die Futterpflanze für seine Nachkommenschaft ausreichend herangewachsen ist. Er selbst hat ja das Freßstadium schon als Raupe hinter sich gebracht! Sein Leben ist der Zusammenklang höherer und niederer geistiger Wesen und Wirkungen.

Ganz anders verhalten sich die Familien der Weißlinge, Ritterfalter und andere. Ihre Raupen suchen sich eine mehr oder weniger senkrechte Stelle an einem Zweig, einem Pflanzenstengel, einem Stein oder einer Hauswand. Dort spinnen sie ein kleines Polster aus Seidenfäden. Daran hält sich die Raupe mit dem letzten Beinpaar, den Nachschiebern, in aufrechter Haltung fest. Dann krümmt sie den Vorderkörper tief nach hinten und befestigt neben ihrer Körpermitte an dem Pflanzenstengel oder an der Wand einen Seidenfaden. Mit einem Schwung führt sie ihn rückwärts um den Körper und befestigt ihn auf der anderen Seite. Diese Hin- und Herbewegung wiederholt sie so lange, bis ihr das Halteseil fest genug ist. Wie ein mit Steigeisen an einem Mast Arbeitender hat sie einen Gürtel um den Leib. Das sind die Gürtelpuppen. Dem oberflächlichen Blick erscheinen sie wie ein kleines Zweiglein, das von seiner Unterlage etwas absteht. Das Verbundenbleiben mit der Herkunftspflanze bei gleichzeitig wegstrebendem Wachstum in eine neue Richtung ist das Bauprinzip aller Pflanzen und Bäume mit ihren Ästen, Zweigen und vom Stengel abstehenden Blättern. In Trennung und gleichzeitigem Verbundenbleiben drückt sich das Wirken des Klangäthers (Ton) und des im kugeligen Tropfen zusammenhaltenden Elementes Wasser aus. Diese beiden Bereiche wirken im Entstehen der Gürtelpuppe ebenso augenfällig wie der Lebensäther und das Element Erde bei den Erdpuppen.

Die dritte Art, in den Raupentod zu gehen, haben die Edel-, Flecken- oder Eckenfalter, zu denen das Tagpfauenauge, der Admiral und der Große und der Kleine Fuchs gehören. Sie suchen sich eine möglichst waagerechte Stelle an einem Zweig, einem Dachvorsprung oder einer Decke, die nach unten frei ist. Dort spinnen sie ein festes Polster. Darin haken sie sich mit den Nachschiebern fest und lassen sich dann kopfüber fallen. So hängen sie mit dem Kopf nach unten und schwanken bei jedem Luftzug hin und her. Ihr Kopf und der Vorderleib werden etwas eingebogen und verdicken sich durch die nach unten sich ansammelnde Körperflüssigkeit. Der Zustand ist den Geburtswehen vergleichbar. Nach Stunden platzt die Nackenhaut auf, und unter Zuckungen und Windungen muß hier die Raupenhaut nach oben abgestreift werden. Die Raupe «verreckt» sich im wahrsten Sinne des Wortes. Dann kommt der schwierigste Augenblick bei dieser Art der Verpuppung. Die Raupe hängt ja an ihren Hinterfüßen. Diese sind aber ein Teil der Außenhaut, die als Exuvie abgeworfen werden muß. Wenn nun diese Haut schon weit nach oben geschoben ist, wird auch der kritische Augenblick erreicht, in dem die Gefahr des Abstürzens und damit des endgültigen Untergangs besteht. Die werdende Puppe zieht nun das Leibesende aus der alten Haut, die aber, wie einige Forscher feststellten, noch für einen Moment als Halt in die letzten Hinterleibsringe eingeklemmt wird. Schnell stößt sie das Ende des Hinterleibs mit seiner Spitze in das angesponnene Polster. Das Leibesende aller Puppen hat einen Stachel mit feinen Häkchen, den Kremaster. Damit hängt, so lange die Puppenzeit währt, die Stürzpuppe fest in dem Polster. Die daneben hängende alte Raupenhaut muß auch noch entfernt werden. Die Puppe sucht dies durch Zucken und Drehen zu erreichen, wenn diese Exuvie (das Ausgezogene) nicht von selbst, durch Erschlaffen der Klammerfüße, abfällt.

Im Inneren der Raupen-Puppe hat die Gewebeauflösung schon begonnen, und diese flüssige Masse gibt der noch weichen Puppenhaut für kurze Zeit eine weiche, längliche Tropfenform. Dann aber wird sehr rasch eine gestreckte, durch Ecken, Buckel und Zacken kräftig gekennzeichnete Hülle herausplastiziert, die nach etwa einer Stunde erhärtet ist. Diese mit dem Kopf nach unten frei im Raum hängenden Puppen sind passiv dem Luftelement mit seinen Spannungen, seinem Druck und allen seinen Bewegungen ausgesetzt. Der dem Element korrespondierende Lichtäther ist hier dadurch raumschaffend, daß er Grenzen für Farben und Formen bilden hilft. Auf dem Rücken und an den Seiten der Puppe stehen Spitzen und Zacken strahlig hinaus. Die Form ist stärker und auffallender als bei allen anderen Puppen durchplastiziert. Wie in Wachstum und Streckung der Pflanzen der Lichtäther zur Peripherie hin saugend und raumergreifend wirkt, so plastiziert er an der frei in der Luft hängenden, metallisch schimmernden Puppe die golden, silbern und kupfern glänzenden Punkte, Flekken und Strahlenspitzen.

Die vierte Art des Hineinsterbens der Raupe in die Puppe ist die bekannteste. Noch ganz als Raupe spinnt der Seidenspinner den Kokon, das Gespinst, aus einem einzigen sehr langen Seidenfaden fertig. Das Gehäuse, das die Raupe dabei verfestigt, ist nach außen vollkommen abgeschlossen. Darin muß dann auch der Übergang von der Raupe in die Puppe erfolgen. Die verschiedenartigsten Gespinste, lockere oder feste und geformte, werden von den Raupen der Familien der Spinner, Bärenspinner und Glucken vor dem Verpuppen verfertigt. Zur Familie der echten Spinner, die weltweit 1200 einzelne Arten umfaßt, gehören auch die Nachtpfauenaugen, darunter der größte europäische Schmetterling mit 13 cm Flügelspannweite, das Wiener Nachtpfauenauge. Auf die vielfältigen Spezialitäten der mitversponnenen Pflanzenteile kann hier nicht eingegangen werden. In den braunen Kokons mancher Arten sind eine, oft sogar zwei hintereinander liegende Reusen mit scharfen, nach außen gerichteten Spitzen eingearbeitet. Sie verhindern das Eindringen eines Feindes von außen, während sie dem schlüpfenden Falter leicht den Ausgang freigeben. Nachdem der Kokon fertig gesponnen ist, legt sich die Raupe zum Verpuppen so, daß ihr Kopf in Richtung Ausgang zeigt. Das müssen auch die in der Erde sich verpuppenden Raupen tun, weil der geschlüpfte Schmetterling weder in der Erdhöhle noch im Seidenkokon sich zum Ausgang hin umdrehen kann. Sowohl die Raupe als auch die Puppe sind für die Außenwelt verschwunden. Vom Seidengespinst aus gesponnenem Sonnenlicht umschlossen, sterben und leben sie in ihrem eigenen Klima. Die äußere Wärme läßt sich nicht festhalten. Das Element Feuer bringt ein Verschwinden der äußeren Form aus der Wahrnehmungswelt. Der Wärmeäther hingegen wirkt in die Erscheinungswelt so herein, daß er entstehen läßt, ausbrütet, reift. Diese Reifung kann aber nur innerhalb einer neuen festen Hülle, hier der Puppenhaut, geschehen. Die wird von außen derart plastiziert, daß sich auf ihr die Formen der Kopf- und Brustorgane abzeichnen, während im Innern nur Flüssiges ist. Wie selten in der Natur bildet hier der Lebensäther hüllebildend von außen und zugleich mit dem verfestigenden Erd-Element zusammen. Sie «leiben» und festigen die Puppenhülle. Das ist die sechste Wandlung. Dabei muß man sich noch einmal klarmachen, daß die Raupe als Raupe in einen völligen Auflösungstod eingegangen ist, wie das im folgenden deutlich wird.

DIE PUPPE

Die Larve oder Raupe ist gespenstisch, ruppig, maskiert. Das Wort *puppa* deutet auf das im jungen Menschen verborgene, noch verschleierte Wesen hin. *Puppa* ist das Mädchen, und aus dem Püppchen, der *pupilla,* blitzt etwas aus ihrem verborgenen Wesen hervor. Die allermeisten Schmetterlingspuppen sind mit allen ihren Gliedern (Fühler, Füße, Flügelscheiden) zu einer einzigen Puppenhülle, der «Mumienpuppe», verwachsen. Maria Sibylla Merian nannte deshalb die Puppen «Dattelkern». Dieses seltsame Gebilde nimmt keine Nahrung mehr auf und ist fast unbeweglich. Die Puppen der Kleinschmetterlinge messen nur 2 bis 3 mm, die der mächtigen Schwärmer sind 60 bis 70 mm groß. Die Tagfalterpuppen haben häufig gelbe, grünliche oder dunkle Punkte und Flecken. Ihr metallischer Glanz hat ihnen schon seit Aristoteles den Namen «Chrysaliden» (griech. *chrysos* = Gold) eingebracht. Bei den Libellen schlüpft das fertige Insekt direkt aus dem letzten Larvenstadium aus der Haut ohne Puppenruhe. Aber alle Schmetterlinge durchlaufen eine «vollkommene Verwandlung». Es sollte nicht übersehen werden, daß hier die Natur einen großen Sprung macht. Wenn die Raupenhaut aufgerissen ist, drängt sich der zunächst lichtgrüne Kopfteil der Puppe heraus. Er ist, wie beschrieben, noch ganz weich und fast ohne Außenzeichnung; erst allmählich prägen sich die Formen der späteren Organe deutlicher dieser weichen Haut auf, während im Inneren ein Zerfall der bisherigen Raupenorgane einsetzt. Oft sehr schnell, aber maximal innerhalb von etwa 20 Minuten ist die Außenform erreicht. Wenn man die Bedeutung und Größe des Kopfteils bei der Raupe und der Puppe vergleicht, kann man geneigt sein, geradezu von einer Umstülpung zu sprechen; einer Umstülpung der leibbetonten Form bei der Raupe zu einer dem geistigen Bild des Schmetterlings entsprechenden Form bei der Puppe. Unsichtbare Kräfte, von außen aus dem Umkreis wirkend, sind am Werke. Die «Idee», das Bild dessen, was werden soll, gibt sich vorwegnehmend zu erkennen. Das Raupendasein ist zu Ende. Eine völlige Neubildung, eine Wiedergeburt in ganz neuen Formen und mit anderem Verhalten bahnt sich an. Im Inneren der erhärteten Puppenhülle geschieht aber das Umgekehrte. Gewebe und Organe werden zum größten Teil abgebaut, lösen sich auf und werden dann zu einer strukturlosen, emulsionsartigen Masse eingeschmolzen. Diese Gewebeauflösung (Histolyse) wird durch Zellen mitbewirkt, die sich in ihrer Funktion mit den weißen Blutkörperchen vergleichen lassen. Verletzt man eine Puppe in diesem Zustand, so läuft der Körpersaft aus und eine leere Hülle bleibt zurück. Diese siebente Stufe ist die empfindlichste in der zwölffachen Metamorphose des Schmetterlings.

Die Neubildung der zukünftigen Organe des Schmetterlings in der Puppe ist ein äußerst vielfältiges Geschehen, bei dem die vier Elemente und ihre ergänzenden vier Ätherarten mit den Bildekräften der einzelnen Schmetterlingsart harmonisch zusammenwirken. Die Anlage der Organe findet in der Raupe in einem sehr frühen Stadium statt. Dem Keimling im Samenkorn und der Keimscheibe im Ei vergleichbar bilden sich Einsenkungen in der Oberhaut, die häufig eine scheibenförmige Gestalt annehmen und durch einen engen Kanal mit der Oberhaut in Verbindung bleiben. Unmittelbar vor der Verpuppung werden diese Imaginalscheiben durch den verbliebenen Kanal über die Hautoberfläche wie ein Handschuhfinger nach außen umgestülpt. Was also zunächst eingestülpt, gastrulaartig nach innen gewendet war, wird nun völlig nach außen umgekehrt. Diese Umstülpung von innen nach außen «ist die vielleicht beste Kennzeichnung des Schmetterlings, die es gibt – indem die typische Tiergebärde, die Einstülpung (Gastrulation) umgekehrt wird» (briefliche Mitteilung von Andreas Suchantke, 1990). Sie ist besonders ausgeprägt bei den unten zu beschreibenden Flügelschuppen. Auch die anderen Organe, wie Fühler, Facettenaugen, Beine, werden in der Raupe veranlagt und dann nach der Umstülpung in der Puppe voll ausgebildet. – Die strukturlose flüssige Masse im ersten Stadium der Puppe ist nicht ohne Bewegung. Innerhalb dieser eiweißähnlichen Flüssigkeit sind Strömungen beobachtet und auch sichtbar gemacht worden. Die aufgelösten Stoffe des früheren Raupenleibes werden an andere Stellen transportiert. Ein ganz neues Gebilde will entstehen. Die Quellbereiche dieser Wachstumsprozesse sind die winzigen Substanzverdickungen der Imaginalscheiben. Aus ihnen quellen die Formkräfte der neu zu bildenden Organe, vor allem der Flügel, hervor.

Die Einzelbeschreibung dieser geistig-physischen Vorgänge kann im Rahmen einer solchen Einführung nicht unternommen werden. Zwei Hinweise seien jedoch angebracht. Mit dem Lichtäther-Geschehen ist, als sein Erscheinungsbereich, das Luftelement verschwistert, das den ganzen, die Puppe umgebenden Außenraum erfüllt. Durch die neun Paar Stigmen, die Atemlöcher beiderseits des Leibes, die auch bei der Puppe die Luft ins Innere gelangen lassen, bleibt dieses stets mit der Umgebung lebendig verbunden. Auch die nötige Feuchtigkeit wird auf diese Weise der Puppe zugeführt, so daß sie nicht austrocknen muß. «Die charakteristischste Eigenschaft der Luft ist ihre Elastizität, sie ist dehn- und komprimierbar. [...] Spannung ist Innenwirkung, Zusammenhang schaffend und bewahrend.» In der Puppe ist alles mit allem und so auch mit der Außenwelt verbunden. Darin zeigt sich die Wirkung des Elementes Luft.

Bei der Gewebeauflösung bleiben in dem Nierentrakt, den «Malpighischen Gefäßen», winzige Kristalle erhalten. Sie werden bei vielen Arten in den sich bildenden Leib des Schmetterlings übernommen und meist unmittelbar nach dem Schlüpfen als «Puppenharn» abgegeben. Es erscheint zu einfach, diese Kristallbildungen nur als Ablagerungs- und Ausscheidungsprodukte anzusehen, wie das meist geschieht. Bei einigen Arten liegen die Kristalle unregelmäßig zwischen und in dem dichten Gespinst. Beim Ringelspinner sind die Kristalle um die einzelnen Gespinstfäden herum ausgeschieden. Die Gürtel- und Stürzpuppen der Tagfalter haben ihr Haftgespinst ebenfalls mit Kristallen besetzt. Durch 2500fache Vergrößerung sind diese Besonderheiten ans Licht gekommen. In der starren Kristallbildung erscheint das Element Erde einprägsam als haltgebende und festigende Kraft. Sein Geschwister, der Lebensäther, zeigt seine Wirksamkeit in der Haut- und Hüllenbildung des Kokons und der Puppe, wo auch die Kristalle erscheinen. Damit darf hier die achte Metamorphose, die Neubildung in der Puppe, abgeschlossen sein.

Das Schlüpfen des Falters gehört zum Bewegendsten, was unsere Augen in der Natur erschauen können. An den Gürtel- oder freihängenden Sturzpuppen kann man das Ende der Puppenzeit und das herannahende Schlüpfen leicht erkennen. Die Flügel schimmern ausgefärbt durch die Puppenhaut, und die Hinterleibsringe lockern sich derart, daß dazwischen die helleren Stellen sichtbar werden. Wer das Hineinsterben der Raupe in das Puppendasein beobachtet hat und beim Schlüpfen gleich einen schönen Schmetterling erwartet, wird beim ersten Anblick des neuen Wesens zunächst enttäuscht sein. Wenn bei der Pfauenaugenpuppe der vordere, schildartige Teil der Puppe längs einer Art Reißnaht, einer «Sollbruchstelle», durch den Druck des Tieres von innen aufspringt, zieht der Schmetterling Luft ein, vergrößert damit sein Volumen und kann die Hülle weiter aufsprengen. Dann erscheinen zuerst die zarten Fühlerfäden und tasten die Luft ab. Das erste Beinpaar folgt. Damit stemmt sich das Tier gegen die Puppenhülle, so daß es das zweite und dritte Beinpaar ebenfalls frei bekommt. Gleichzeitig werden die zu Läppchen zusammengeknüllten Miniaturflügel frei. Die sind aber noch völlig funktionsunfähig. Das neugeborene Wesen zieht schließlich auch noch den Hinterleib aus der Hülle und versucht sofort, mit den Beinen irgendeinen Halt in nächster Nähe zu finden, an dem es aufwärtsklettern kann, denn die Flügel können nur im hängenden Zustand entfaltet und getrocknet werden. Im Einmachglas ohne Aufstiegsmöglichkeit ist der Tod unvermeidlich.

Hat der Falter aber emporkriechend die passende Stelle zum Entfalten der Flügel gefunden, dann pumpt er Körperflüssigkeit in die Flügeladern. Er nimmt Luft auf, die Flügel entfalten sich in ihrer vollen Länge, aber der Falter ist nach diesen 10 bis 15 Minuten immer noch nicht flugfähig. Die Flügel müssen in Ruhestellung zusammengefaltet bleiben, ganz austrocknen und sich versteifen. Dazu wird die Körperflüssigkeit wieder in den Leib zurückgesaugt und über den Enddarm abgegeben. Dieser «Puppenharn» kann als Hämolymphe auch etwas rötlich sein, wie beim Baumweißling. Wenn viele solche Schmetterlinge gemeinsam ausschlüpften und man den Puppenharn auf der Erde sah, dann sagte man in alten Zeiten: Es kommt Krieg, denn es hat Blut geregnet. – Die leergesaugten Adern der Schmetterlinge füllen sich dann mit Luft. Der ganze Vorgang kann eine bis mehrere Stunden dauern. Die Außenluft bringt eine Welt von Düften heran, die von den langsam sich bewegenden Fühlern als Botschaften aufgenommen werden. Der Rüssel wird zögernd ausgestreckt und zusammengezogen. Allmählich kommt der hohe Augenblick, in dem das neue Leben voll ergriffen wird. Ein Zittern geht durch das ganze Wesen, die Flügel werden zum ersten Mal ausgebreitet und wieder zusammengeschlagen. Dieses Probieren und Vibrieren ist erforderlich, um die zum Fliegen benötigte Körpertemperatur zu erreichen. Auch das kann manchmal Stunden in Anspruch nehmen. Doch dann fliegt der Falter auf in seine wie an eine überirdische Freiheit grenzende Welt.

Im Griechischen bedeutet *psyche* sowohl Hauch, Atem, Seele als auch Schmetterling. Das Zarte, Zerbrechliche, zu höherer Freiheit Strebende ist es, was beide Wesen gemeinsam haben. Zur Zeit Abrahams trat das menschliche Seelensein erstmals eigenständiger auf als zuvor in seiner Eingebundenheit in Familien- und Stammeszusammenhänge hervor. Deshalb kann Nelly Sachs (1891–1970) in spirituell exakter Weise von Abraham sagen:

> O du
> aus dessen ahnendem Blut
> sich das Schmetterlingswort *Seele* entpuppte,
> der auffliegende Wegweiser ins Ungesicherte hin –

DER SCHMETTERLING

Der Schmetterling ist ganz Flügel. Damit ist über das Erscheinungsbild hinaus auch auf den Lebensraum in Licht, Luft und Wärme hingedeutet. Das geistige Bild des Wesens, das die Metamorphosenreihe vom Ei über die Raupe und die Puppe durchwandelt hat, erscheint am zutreffendsten im ausgebildeten Schmetterling. Die Imago imaginiert ihr geistiges Wesen, das heißt sie bildet es – soweit dies möglich ist – im sichtbaren Bereich aus. Imago heißt Bild und bezeichnet bei den Insekten die Endstufe der Verwandlungen. Das Wort Schmetterling hat übrigens nichts mit schmettern zu tun, sondern ist aus dem ostmitteldeutschen Wort Schmetten (norddeutsch Schmand) für Sahne, Rahm umgebildet. Zähflüssig und süß ist auch der Nektar in den Blüten. Der Schmetterling ist der Sahne- und Nektarlecker, der «Buttervogel», englisch «butterfly». Die gleiche Herkunft hat das tschechische Wort «smetana» für Sahne.

Der Sinn des einzigartigen Sonderbereiches, der uns

als Schmetterlingsdasein umgibt, und dessen Harmonie mit dem kosmischen Zusammenklang allen Lebens sind im Bereich der drei letzten und höchsten Stufen seiner zwölffachen Metamorphose zu suchen und zu finden. Deshalb müssen wir jetzt die Flügel als die zehnte Stufe eingehender betrachten. Die Formen aller Schmetterlingsflügel erinnern an die Formen von Pflanzenblättern. Sowohl die einzelnen Vorder- oder Hinterflügel als auch die beiden aneinander gelegten Flügel zweier Seiten zusammen zeigen Blattformen. Wie das Pflanzenblatt hat der Flügel eine Oberhaut und Unterhaut. Wie das Pflanzenblatt ist der Schmetterlingsflügel von Adern durchzogen, die das hauchzarten Gebilde versteifen und ihm Form geben. Sie unterteilen die Flügel in einzelne Felder. Einige verzweigen sich, andere laufen ganz bis zum Rand durch. Sie sind für die einzelnen Familien so charakteristisch, daß sie als Hilfsmittel zum Bestimmen dienlich sind. Wie das Atmungssystem und die Haut zum äußeren Keimblatt gehören, so sind auch die Flügel als Ausstülpungen aus diesem Bereich zu verstehen. Schon am Ende der Raupenzeit stülpen sich, wie oben angedeutet, im Innern der Raupe die winzigen, nach innen gewendeten Keimscheiben der Flügel zur Außenhaut hin um. Die Umstülpung nach außen ist ein Prozeß, der uns im Schmetterlingswerden wiederholt begegnet, von der Raupe zur Puppe, vom Atmungssystem zum Flügel, vom Haar zur Schuppe und zur Struktur, wovon noch zu sprechen sein wird. Bei der Ausstülpung der Flügel nehmen diese im Endzustand verglichen mit der Ausdehnung im Augenblick des Schlüpfens eine 20 bis 30 Mal größere Fläche ein.

Unermeßlich ist die Bedeutung der Wärme und des Lichtes für den Schmetterling. Denn auch für den Flug ist eine gewisse Muskeltemperatur notwendig. Sie ist bei den einzelnen Arten verschieden hoch. Kleine Spanner kommen mit 16 bis 17 °C aus. Große Schwärmer brauchen bis über 40 °C. Durch Vibrieren mit den Flügeln erreichen sie die zum Abflug notwendige Temperatur. Ein Fluchtflug ist aber auch ohne diese Temperatur sofort möglich. So weiß man heute, daß die meisten Tagschmetterlinge ihre Körpertemperatur auf 30 bis 40 °C erhöhen müssen. Andere Arten erwärmen sich durch Sonnenbaden mit den wirksamsten Flügelstellungen. – Damit sie fliegen können, müssen aber Vorder- und Hinterflügel beim Flug so miteinander verbunden werden, daß sie eine geschlossene Fläche bilden. Dazu haben niedere Arten einen Einschnitt im Vorderflügel, in dem der Hinterflügel gehalten wird. Alle anderen haben als besonderes Organ am Vorderrand des Hinterflügels feste Wimpern, die am unteren Rand des Vorderflügels von einer Art Borstenklappe gehalten werden. Beim Fliegen dringt die feste Kante der Vorderflügel in die Luft, während die hinteren sowie die Randpartien der Flügel wellenartig mit dem Flügelschlag die Luft abströmen lassen wie das an einer Fahnenstange befestigte, im Winde flatternde Fahnentuch. Man kann darin beim Schmetterling auch eine Vergeistigungstendenz sehen, wie das im folgenden noch deutlich wird. – Abgesehen von Libellen und Schwebfliegen sind die Schmetterlinge die besten Flieger unter den Insekten. Die einzelnen Familien haben aber sehr verschiedene Flugarten, woran sie auch schon im Flug sicher zu erkennen sind. Am eigenartigsten ist jedoch der Schwirr- oder Rüttelflug vor allem der Schwärmer. Diese können im Horizontalflug bis zu 15 m/sec, das sind 54 km/h, erreichen. Man hat entdeckt, daß beim Schwirrflug der Kolibris die Flügelspitzen in Achterform um eine gedachte, waagerechte Achse bewegt werden. Die Schmetterlinge sind aber die einzigen bekannten Flieger mit einer senkrechten Lemniskaten-Schlagebene beim Rüttelflug. Dabei macht unser einheimischer Taubenschwanz bis zu 95 Flügelschläge in der Sekunde. Man kann ihn an einem Juliabend vor Phlox oder Balkongeranien im Schwebeflug beobachten, wo er 25 Blüten in einer Minute besuchen kann. Um frei fliegen zu können, hat jeder Schmetterling zu den vier Flügeln noch zwei Fühler mit Organen für die Orientierung, das Gleichgewicht und den von weither aufzunehmenden Duft von Blumen und Partnern. Diese Fühler oder Antennen sind vielgliedrig, meist fadenförmig und oft sehr lang bei Tagschmetterlingen. Bei den Männchen der Nachtfalter sind sie kammartig wie ein Farnblatt gefiedert. So hat der Schmetterling für den freien Flug drei Paare Flugorgane nötig. Sechsgeflügelt fliegen die Schmetterlinge als «metamorphosierte Abbilder» von Geistwesen.

Um ein Bild des Schmetterlingswesens in uns entstehen zu lassen, müssen wir immer wieder neu und von verschiedenen Ausgangspunkten her Wärme, Licht und Luft mit einbeziehen. Dabei ist zu bedenken, daß sechs Siebtel aller Schmetterlinge Nachtflieger sind. Williams gibt das Artenverhältnis von Nacht- zu Tagschmetterlingen auf den Britischen Inseln mit 20000 zu 70 an. Im Licht des Tages erkennen wir die Dinge der Außenwelt. Die Innenwelt und die geistige Wesenswelt sind dagegen nicht auf das äußere Licht angewiesen. Sie werden ohne dieses erlebt, erschaut, erkannt. In alten Zeiten sprach man in den Mysterienstätten vom «Schauen der Sonne um Mitternacht». Die Druiden schirmten für ihre geistigen Forschungen in den dunklen Steinräumen ihrer Dolmen (Kromlechs) das Sonnenlicht des Tages ab, um die nicht physikalischen, geistigen Sonnenwirkungen wahrnehmen zu können. Dabei wird deutlich, daß die Nacht ebenso wie der Tag ihre geheimen Offenbarungen birgt. «Himmlischer, als jene blitzenden Sterne, dünken uns die unendlichen Augen, die die Nacht in uns geöffnet», sagt Novalis in den «Hymnen an die Nacht».

In den beiden abschließenden Metamorphosen wird die von dem Schmetterlingswesen verwirklichte Vergeistigung des Erdenstoffes, wie sie Rudolf Steiner aus geisteswissenschaftlicher Forschung beschreibt, von ihrer wahrnehmbaren Seite her vor Augen geführt.

DIE SCHUPPEN

Die Ober- und Unterseite der Flügel sowie der ganze Schmetterlingsleib und sogar teilweise die Beine sind mit Schuppen oder Haaren bedeckt. Die Schuppen werden als aus Hautzellen entstandene, umgebildete Haare beschrieben. Sie sind also wieder eine Ausstülpung, die sich hier vieltausendmal wiederholt. Die Flügel eines Schmetterlings können mit einer Million Schuppen von je 0,1 mm Länge und 0,05 mm Breite bedeckt sein. Die Bedeckung ist oft derart dicht, daß auf einen Quadratmillimeter 200 bis 600 Schuppen zu liegen kommen können. Die Schuppen sind dachziegelartig aufgereiht, und ihre Form zeigt, wie schon der ganze Flügel, eine auffallende Ähnlichkeit mit Pflanzenblättern – bei den Tagfaltern mit dem Blatt einer Bergulme, bei den Nachtfaltern mit den Blättern von Gräsern. – Wie der Flügel hat auch die Schuppe eine Ober- und Unterhaut. Der Zwischenraum ist in Kammern gegliedert, plasmaleer und meist mit Luft oder Pigmenten, also farbbildenden Substanzen, teilweise oder ganz gefüllt. Pigmente sind

Ablagerungen von Abfall- und Endprodukten des Stoffwechsels. Auch die menschliche Haut erhält ihre Färbung, besonders die Sonnenbräune, durch die Ablagerung von Stoffen, die ans Ende gekommen, verbrannt sind. In den Schmetterlingsschuppen finden sich vor allem schwarze und lichtempfindliche Farbstoffe, die das leuchtende Rot, Orange, Gelb und manches Weiß bilden. Es sind die gleichen lichtempfindlichen Farbstoffe, denen auch der herbstliche Wald seine Buntheit verdankt.

Die blauen und grünen Farben sowie manche Arten von Schwarz entstehen dagegen auf ganz andere Weise, wie im folgenden genauer beschrieben wird. – Ähnlich wie die Raupen sind auch die Falter in unübersehbarer Vielfalt und Harmonie ihrer Umgebung einverwoben. Hier wird anschaulich, wie die einzelne Art durch die Ober- und Unterseiten ihrer Flügel in die Licht- und Schattenwirkungen und in die Farbenqualitäten ihres Lebensraumes eintaucht. Auf dieses unendlich weite Feld kann hier nur hingewiesen werden.

DER SCHMELZ

Eine über die elfte Metamorphose, derjenigen der Schuppe, noch weiter hinausgehende Differenzierung und letzte materielle Verfeinerung zeigt der «Schmelz»; das ist eine Feinstruktur auf einem Teil der Flügelschuppen. Die Farben auf der aktiven Seite der Farbskala, von Weiß über Gelb, Rot, Braun und Schwarz, sind als Pigmentfarben Stoffwechsel-Endsubstanzen. Die grünen, blauen, violetten und manche schwarzen Töne haben eine ganz andere Herkunft. Diese kann aber nur mikroskopisch durch starke Vergrößerung für das Auge sichtbar und physikalisch erklärbar gemacht werden. Unter dem Mikroskop zeigt sich die Oberfläche dieser Schuppen nicht glatt, sondern auf die allerverschiedenste Weise skulpturiert, plastisch ausgestaltet. Es ist nicht leicht, diese plastischen Feinstrukturen mit Worten zu beschreiben. Man muß zu Vergleichen greifen, die aber wegen der Winzigkeit der unter einem tausendstel Millimeter liegenden Strukturen schwer vollziehbar sind. Die aus feinstem Chitin bestehenden Formen können bäumchenartig in engen Reihen über die Schuppen verlaufen, so daß sie unter dem Mikroskop einer Baumschule von kleinsten Tannenbäumchen ähnlich sehen. Bei anderen liegen mehrere Lagen dünnster Membrane, durch Zwischenverstrebungen voneinander getrennt, über der Schuppen-Oberhaut. Man wird an die eisernen Armierungen in der Betonbauweise erinnert. Geflechte und Matten, Lamellen und Zwischenböden sind da aus der Schuppen-Oberfläche in einem letzten, radikalen Um- und Ausstülpungsprozeß hervorgetrieben. Die Schuppe selbst enthält dunkle Pigmente. – Die pigmentfreien Skulpturen bilden eine seitlich vom Licht angeleuchtete zarte Trübe. Wie der dunkle Weltraum durch die erleuchtete Trübe der Atmosphäre himmelblau erscheint, wie die entfernten dunklen Berge blauen, so entsteht durch die geschilderten gleichen Gegebenheiten auf dem Schmetterlingsflügel die leuchtende Glanzfarbe des Blau. Manche Strukturen sind so, daß das Blau bei jedem Lichteinfall konstant bleibt, wie bei den meisten Bläulingen. Diese Strukturfarben können beliebig lang der Sonne ausgesetzt werden. Sie bleichen nicht aus, sind also lichtbeständig. Im Gegensatz dazu sind die Pigmentfarben verschieden lichtempfindlich. Beide aber stehen sie am Schluß eines zwölffachen Werde- und Entwerde-Ganges: der Farbstoff als

Endprodukt chemischer Vorgänge durch das Element Feuer, die Formkräfte durch die unendliche Verfeinerung durch den Klangäther und seine zerteilenden Wirkungen, bis zum «Staub» auf den Schmetterlingsflügeln. Rudolf Steiner spricht von der «vergeistigten Materie der Schmetterlingsflügel». Damit wird zugleich auf das Ziel der ganzen Erden-Menschenentwicklung gedeutet. Und zu dem, was als erstes auf der Saturn-Metamorphose unserer Erde veranlagt wurde, gehört ebenfalls die Insektenwelt mit dem Schmetterling als deren wichtigste Erscheinung. Verkörperung und Vergeistigung in zwölffacher Metamorphose bilden das Schmetterlingswesen.

Ei	Raupe	Puppe	Schmetterling
1. Formen	4. Wachsen	7. Auflösen	10. Entfalten
2. Werden	5. Verwandeln	8. Bilden	11. Verbrennen
3. Schlüpfen	6. Verpuppen	9. Entpuppen	12. Durchlichten

Im Urbeginn der Verkörperung des Geistes auf dem alten Saturn wird zugleich mit dem Menschen das Schmetterlingswesen veranlagt. Das Welten-Werde-Ziel, die Vergeistigung von Erde und Mensch, wird durch das offenbare Geheimnis der Schmetterlingsmetamorphose sichtbar gemacht. Geborenwerden, Leben und Sterben erhalten ihren wahren Sinn aus der Wandlung. Diese Wandlung gründet aber auch darin, daß im Erdensein Geist und Materie eine Einheit bilden, deren fruchtbares Zusammenwirken durch das freie geistige Wirken des Menschen erkannt und gefördert werden will.

Das Hinaussenden vergeistigter Materie vergleicht Rudolf Steiner im Vortrag vom 27. Oktober 1923 mit einem «Schmetterlingsgürtel», «der die Erde umgürtet» und der von Geistwesen wahrgenommen werden kann (vgl. unten S. 64f.). Einen Tag später erweitert er das Bild und spricht von einer Schmetterlingskorona. In der Himmelskunde wird der farbige Strahlenkranz, der über den Sonnenrand hinausstrahlt und bei einer totalen Sonnenfinsternis zu sehen ist, Korona genannt. So sehen die Geistwesen und die sich zur Verkörperung auf Erden bereitenden Seelen die Erde vom Strahlenkranz der vergeistigten Materie umleuchtet. Dieses Bild der Wandlungsmöglichkeit macht ihnen Mut zur «Erdenfahrt». – Auch die durch Umstülpung entstandenen Flügel, die Schuppen und der Schmelz von Innen und Außen sind ein Naturgeschehen, das auf Geistiges weist. Unser Innenleben wird nach dem Tode zur nach außen gestülpten anschaubaren Umwelt, die Erdenumwelt dagegen inneres Erleben.

Rudolf Steiner hat vielfach auch vom Schmetterling als Bild für die Unsterblichkeit der Seele gesprochen (siehe Anhang, S. 165ff.): «Und es gäbe den Schmetterling nicht, der aus der Puppe auskriecht, wenn es nicht eine unsterbliche Seele gäbe.» (11. August 1919) «Es ist kein [...] Vergleich, sondern es ist eine von der göttlichen Weltenordnung hingestellte Tatsache.» (21. August 1919) Diese Tatsache besteht darin, daß beide zugleich entstanden sind und bei beiden eine Entwicklung nur durch Wandlungen möglich wird. In den anschaubaren Wandlungen des Schmetterlingswesens kann Offenbarung des Geistes erlebt werden. Indem wir die Idee der Wandlungsmöglichkeit unseres Bewußtseins in uns aufleben lassen und pflegen, leben wir im Geist und in der Wahrheit.

Schmetterlingsnatur und Pflanzenwesenheit

VORTRAG DORNACH, 26. OKTOBER 1923

Wir haben den Zusammenhang der Erdenverhältnisse, der Weltenverhältnisse und der Tierwelt mit dem Menschen in einer gewissen Weise betrachtet. Wir werden an kommenden Tagen gerade in diesen Betrachtungen fortfahren; heute möchte ich aber den Übergang finden zu weiteren Bereichen, die uns in der Zukunft werden beschäftigen müssen. Und da möchte ich zunächst hinweisen darauf, wie ja schon in meiner *Geheimwissenschaft im Umriß* die Entwicklung der Erde im Kosmos so dargestellt worden ist, daß wir den Ausgangspunkt zu nehmen haben, wenn diese Erdenentwicklung in Frage kommt, von der uralten Saturnmetamorphose der Erde. Diese Saturnmetamorphose ist ja so vorzustellen, daß in ihr noch alles das enthalten ist, was überhaupt zu unserem Planetensystem gehört. Die einzelnen Planeten unseres Planetensystems vom Saturn bis herein zum Mond sind damals noch im alten Saturn – der, wie Sie wissen, nur aus Wärmeäther bestand – aufgelöste Weltenkörper. Also der Saturn, der noch nicht einmal die Luftdichtigkeit erlangt hat, sondern eben Wärmeäther ist, der enthält ebenfalls ätherisch aufgelöst alles das, was sich später selbständig gestaltet, individualisiert in den einzelnen Planeten.

Wir unterscheiden dann als die zweite Metamorphose der Erdenentwicklung, was zusammenfassend von mir genannt wird die alte Sonnenmetamorphose der Erde. Da hat man es damit zu tun, daß allmählich aus der Feuerkugel des Saturn sich herausgestaltet die

Luftkugel, die lichtdurchströmte, lichtdurchglänzte und -durchglitzerte Luftkugel Sonne.

Dann haben wir eine dritte Metamorphose, wo sich herausbildet, nachdem die alten Zustände wiederholt worden sind, auf der einen Seite das Sonnenhafte, das dazumal noch die Erde und den Mond umspannt, und dasjenige, was äußerlich ist – nun, Sie haben es ja in der «Geheimwissenschaft» beschrieben –, wozu dann eben der Saturn in seiner Abspaltung gehört.

Aber wir haben es zu gleicher Zeit damals in dieser Mondenmetamorphose damit zu tun, daß die Sonne und dasjenige, was dann ein Zusammenhang ist zwischen Erde und Mond, sich trennen. Und ich habe ja öfters beschrieben, wie die Reiche der Natur, die wir heute kennen, damals nicht vorhanden waren, wie namentlich die Erde nicht eine Mineralmasse einschloß, sondern – wenn ich mich so ausdrücken darf – hornartig war, so daß die festen Bestandteile hornartig sich ablösten, hornige Felsen gewissermaßen herausragten aus der schon wässerig gewordenen Mondmasse. Dann sind die Verhältnisse entstanden in der vierten Metamorphose, die unsere heutigen irdischen Verhältnisse sind.

Nun haben wir, wenn wir diese vier Metamorphosen hintereinander aufzeichnen, zunächst also die Saturnmetamorphose, den Wärmekörper, der noch alles aufgelöst hat, was später in unserem Planetensystem enthalten ist, die Sonnenmetamorphose, die Mondenmetamorphose und die Erdenmetamorphose. Wir können in dieser Vierheit zweierlei voneinander unterscheiden. [Es wird gezeichnet, siehe Tafel 1.]

Bedenken Sie nur, wie wir es bei der Entwicklung des Saturn bis zur Sonne hin zu tun haben mit dem, was erst bis zur luftartigen Substanz vorgerückt ist! Von der Feuerkugel geht die Entwicklung aus; die Feuerkugel metamorphosiert, verdichtet sich bis zur Luftkugel, die aber bereits lichtdurchsetzt, lichterglitzernd ist. Da haben wir den ersten Teil der Entwicklung.

Dann haben wir diesen Teil der Entwicklung, wo der Mond seine erste Rolle spielt. Denn der Mond spielt eben die Rolle, die es ihm möglich machte, jene hornigen Felsengebilde zu gestalten. Der Mond tritt ja während der Erdenmetamorphose heraus, wird Nebenplanet und läßt der Erde die inneren Erdenkräfte zurück. Zum Beispiel sind die Kräfte der Schwere durchaus etwas, was vom Monde zurückgeblieben ist in physischer Beziehung. Die Erde würde nicht die Kräfte der Schwere entwickeln, wenn nicht zurückgeblieben wären die Reste des alten Mondeneinschlusses; er selber ist fortgegangen. Der Mond ist jene Kolonie im Weltenraum, von der ich Ihnen vom geistigen Aspekte aus in den jüngst verflossenen Tagen gesprochen habe. Er hat eine ganz andere Substantialität als die Erde, aber er hat in der Erde zurückgelassen das, was man im weiteren Sinne den Erdenmagnetismus nennen kann; die Kräfte der Erde, namentlich die Schwerkräfte der Erde, die Wirkungen, die man als die Gewichtswirkungen bezeichnet, sind vom Monde zurückgeblieben. So können wir sagen: Wir haben hier [Tafel 1, zwei Kreise links] Saturn- und Sonnenzustand, die im wesentlichen warme, lichtdurchglänzte Metamorphose, wenn wir die beiden zusammennehmen; wir haben hier [zwei Kreise rechts] Monden- und Erdzustand, die mondgetragene, wässerige Metamorphose, das Wäßrige, das sich herausbildet während der Mondmetamorphose und dann während der Erdenmetamorphose bleibt; das Feste wird ja gerade durch die Schwerkräfte hervorgerufen.

Diese beiden Metamorphosen unterscheiden sich eigentlich beträchtlich voneinander, und man muß sich klar darüber sein, daß alles, was einmal war, in dem Späteren wiederum drinnensteckt. Dasjenige, was die alte Feuerkugel Saturn war, blieb als Wärmesubstanz in allen folgenden Metamorphosen drinnen, und wenn wir heute innerhalb des Erdengebietes herumgehen und überall noch auf Wärme auftreffen, so ist die Wärme, die wir überall finden, der Rest der alten Saturnentwicklung. Überall, wo wir Luft oder nur luftförmige Körper finden, haben wir die Reste der alten Sonnenentwicklung. Wenn wir hinaussehen in die sonnendurchglänzte Luft, dann sollten wir eigentlich, indem wir uns mit Empfindungen von dieser Evolution durchdringen, uns sagen: In dieser sonnendurchglänzten Luft haben wir die Überreste der alten Sonnenentwicklung; denn wäre diese alte Sonnenentwicklung nicht gewesen, es wäre nicht die Verwandtschaft unserer Luft mit den Sonnenstrahlen vorhanden, die nun draußen sind. Nur dadurch, daß die Sonne einmal mit der Erde verbunden war, daß das Licht der Sonne in der Erde, die noch luftförmig war, selber erglänzte, so daß die Erde eine Luftkugel war, welche inneres Licht in den Weltenraum hinausstrahlte, nur dadurch konnte die spätere Metamorphose eintreten, die jetzige Erdenmetamorphose, wo die Erde von einer Luftatmosphäre umschlungen wird, in die von außen die Sonnenstrahlen hineinfallen. Aber diese Sonnenstrahlen haben eine tiefe innere Verwandtschaft zur Erdenatmosphäre. Diese Sonnenstrahlen treffen nicht etwa so, wie die heutigen Physiker grobschlächtig sagen, wie Strahlen, so wie kleine Geschoßkugeln etwa durch die gasige Atmosphäre durch, sondern diese Sonnenstrahlen haben eine tiefe innere Verwandtschaft mit der Atmosphäre. Und diese Verwandtschaft ist eben die Nachwirkung des einstmaligen Beisammenseins während der Sonnenmetamorphose. So ist alles miteinander dadurch verwandt, daß die früheren Zustände immer wiederum in die späteren Zustände auf eine mannigfaltige Weise hineinspielen. Aber während der Zeit, wo im großen und ganzen die Erdenentwicklung so vor sich gegangen ist, wie Sie es in der *Geheimwissenschaft* finden und wie ich es Ihnen hier kurz skizziert habe, hat sich alles dasjenige entwickelt, was auf der Erde und um die Erde herum ist, was auch innerhalb der Erde ist.

Und nun können wir sagen, wenn wir die heutige Erde anschauen, so haben wir innerhalb der Erde das, was das Feste bewirkt, den inneren Mond, wesentlich verankert im Erdenmagnetismus; den inneren Mond, der ja bewirkt, daß es überhaupt Festes gibt, daß es etwas gibt, was Gewicht hat, und die Gewichtskräfte sind es ja, die aus dem Flüssigen das Feste machen. Wir haben dann das eigentliche Erdengebiet, das Wäßrige, das in der mannigfaltigsten Weise wieder vorkommt, als Grundwasser zum Beispiel, aber auch als dasjenige Wasser, welches in den Dunstmassen ist, die aufsteigen, in den Regenmassen, die herabfallen und so weiter. Wir haben weiter im Umkreise das, was luftförmig ist, und haben das alles durchdrungen von dem Feurigen, den Resten des alten Saturn. So daß wir auch in der heutigen Erde anzugeben haben etwas, was da oben Sonne-Saturn oder Saturn-Sonne ist. Wir können uns immer sagen, alles, was da in der warmen Luft ist, die von Licht durchglänzt ist, ist Saturn-Sonne. Und wir schauen hinauf und finden eigentlich unsere Luft durchsetzt von dem, was Saturnwirkung ist, was Sonnenwirkung ist, und was dann sich im Laufe der Zeit als der eigentliche Luftkreis entwickelt hat, der aber auch nur eine Nachwirkung der Sonnenmetamorphose ist. Das haben wir gewissermaßen, wenn wir den Blick aufwärts richten. [Es wird gezeichnet, siehe Tafel 1 rechts.]

Richten wir den Blick abwärts, dann haben wir mehr die Nachfolge dessen, was während der zwei letzten Metamorphosen eingetreten ist. Wir haben das Schwere, Feste, besser gesagt das Schwere Wirkende, ins Feste Gehende; wir haben das Flüssige, wir haben die Mond-Erde. Diese zwei Partien sozusagen des Erdendaseins können wir streng voneinander unterscheiden. Wenn Sie die *Geheimwissenschaft* noch einmal daraufhin durchlesen, so werden Sie sehen, daß dort einfach durch die ganze Stilisierung ein tiefer Einschnitt gemacht ist an der Stelle, wo die Sonnenmetamorphose in die Mondenmetamorphose übergeht. So ist auch heute noch eine Art scharfer Kontrast zwischen dem, was oben ist, dem Saturnhaften, und dem, was unten ist, dem Irdisch-Mondhaft-Wäßrigen. Wir können also ganz gut unterscheiden zwischen dem Saturn-Sonnenhaften-Luftartigen und dem Mond-Erdigen-Wäßrigen. Das eine ist oben, das andere ist unten.

Indem sich in der Erdenentwicklung im großen ganzen auch alles das mitentwickelt hat, was zur Erde gehört, fällt der Blick desjenigen, der in diese Dinge mit der Initiationswissenschaft hineinschaut, zunächst auf die Mannigfaltigkeit der Insektenwelt. Man sollte glauben, daß schon das bloße Gefühl diese flatternde, flimmernde Insektenwelt in einen gewissen Zusammenhang bringen müßte mit dem Oberen, mit dem Saturn-Sonnenhaft-Luftartigen. Es ist das durchaus der Fall. Wenn wir uns den Schmetterling ansehen: Er flattert in der Luft, in der lichtdurchflossenen, lichtdurchglänzten Luft mit seinen schillernden Farben. Er wird getragen von den Wogen der Luft. Er berührt eigentlich kaum, was mond-erdig-wäßrig ist. Sein Element ist dasjenige, was oben ist. Wenn man dann nachforscht, wie eigentlich die Entwicklung ist, so kommt man gerade bei dem kleinen Insekt merkwürdigerweise in sehr frühe Zeiten der Erdenmetamorphose. Was heute in der lichtdurchglänzten Luft als Schmetterlingsflügel schimmert, das hat sich zuerst in der Anlage gebildet während des alten Saturn, hat sich weiter entwickelt während der alten Sonnenzeit. Da ist das entstanden, was heute noch dem Schmetterling möglich macht, eigentlich ein Licht-Luft-Geschöpf zu sein. Die Sonne verdankt die Gabe, daß sie Licht verbreitet, sich selbst. Die Sonne verdankt die Gabe, daß ihr Licht in den Substanzen Feuriges, Schimmerndes hervorruft, der Saturn-Jupiter-Mars-Einwirkung. Und eigentlich versteht derjenige die Schmetterlingsnatur nicht, der sie auf Erden sucht. Die Kräfte, die wirksamen Kräfte in der Schmetterlingsnatur müssen wir oben suchen, müssen wir bei Sonne, Mars, Jupiter, Saturn suchen. Wenn wir genauer eingehen auf diese wunderbare Schmetterlingsentwicklung – ich habe sie im Zusammenhange mit dem Menschen gewissermaßen als die kosmische Verkörperung des Gedächtnisses hier schon einmal geschildert –, aber wenn wir genauer eingehen, so finden wir: Der Schmetterling flattert zunächst lichterschimmernd, luftgetragen oben über der Erde. Er legt sein Ei ab. Ja, der grobmaterialistische Mensch sagt: Der Schmetterling legt sein Ei ab – weil die hauptsächlichsten Dinge überhaupt nicht studiert werden unter dem Einflusse der gegenwärtigen Unwissenschaft. Die Frage ist diese: Wem vertraut der Schmetterling eigentlich sein Ei an, wenn er es ablegt?

Nun, durchforschen Sie alles, wo Schmetterlingseier abgelegt werden; überall werden Sie finden: Das Schmetterlingsei wird so abgelegt, daß es dem Sonneneinfluß nicht entzogen werden kann. Der Sonneneinfluß auf die Erde ist ja nicht nur da, wenn die Sonne unmittelbar auf die Erde scheint. Ich habe schon öfter aufmerksam darauf gemacht, wie die Bauern ihre Kartoffeln im Winter in die Erde hineinlegen, zudecken mit Erde, weil dasjenige, was als Sonnenwärme und Sonnenlichtkraft herankommt während des Sommers, gerade während des Winters im Inneren der Erde drinnen ist. Die Kartoffeln erfrieren auf der Oberfläche der Erde. Die Kartoffeln erfrieren nicht, sondern bleiben richtige gute Kartoffeln, wenn man sie in einer Grube eingräbt und Erde darüber legt, weil die Sonnenwirkung den Winter über in der Erde drinnen ist. Den Winter hindurch müssen wir die Sonnenwirkung des Sommers unter der Erde suchen. Kommen wir zum Beispiel im Dezember in eine gewisse Tiefe der Erde, dann haben wir im Dezember die Juliwirkung der Sonne. Im Juli strahlt die Sonne ihr Licht und ihre Wärme auf die Oberfläche. Die Wärme und das Licht dringen allmählich tiefer ein. Wollen wir im Dezember dasjenige suchen, was wir an Sonnenkräften auf der Erdoberfläche der Erde im Juli erleben, dann müssen wir eine Grube graben, und dann ist in einer gewissen Tiefe das, was im Juli auf der Oberfläche der Erde war, im Dezember unter der Erde. Da ist die Kartoffel eingebettet in die Julisonne. Also die Sonne ist nicht etwa nur da, wo man sie mit grobmaterialistischem Verstande sucht, sondern die Sonne ist eigentlich in vielen Gebieten da; nur eben ist das nach den Jahreszeiten im Kosmos streng geregelt.

Aber der Schmetterling legt nirgends sein Ei hin, wo nicht das Ei in irgendeiner Weise im Zusammenhang bleiben kann mit der Sonne. So daß man schlecht sich ausdrückt, wenn man sagt, der Schmetterling legt sein Ei in das Erdengebiet. Das tut er gar nicht. Er legt sein Ei ins Sonnengebiet. Der Schmetterling geht gar nicht bis zur Erde herunter. Überall, wo im Irdischen Sonne ist, da sucht er seine Orte auf, um seine Eier hinzulegen, so daß dieses Schmetterlingsei durchaus nur unter dem Einfluß der Sonne steht. Es kommt gar nicht unter den Einfluß der Erde.

Dann wissen Sie, daß aus diesem Schmetterlingsei die Raupe auskriecht. Die Raupe kommt also heraus und bleibt unter dem Einfluß der Sonne, aber gerät nun unter einen anderen Einfluß mit. Die Raupe würde nicht kriechen können, wenn sie nicht noch unter einen anderen Einfluß mit käme. Und das ist der Marseinfluß.

Wenn Sie sich die Erde vorstellen [es wird gezeichnet, Tafel 1 rechts] und den Mars sie umkreisend, so sind die Marsströmungen oben überall und bleiben auch. Es kommt nicht darauf an, daß der Mars irgendwo ist, sondern wir haben die ganze Marssphäre, und wenn die Raupe dahinkriecht, so kriecht sie im Sinne der Marssphäre dahin. Dann verpuppt sich die Raupe, bildet um sich einen Kokon. Wir bekommen einen Kokon. Ich habe Ihnen beschrieben, wie das eine Hingabe der Raupe an die Sonne ist, wie der Faden, der da gesponnen wird, in der Richtung der Lichtlinie gesponnen wird. Die Raupe ist dem Lichte ausgesetzt, verfolgt die Lichtstrahlen, spinnt, hält an, wenn es dunkel ist, spinnt weiter. Das alles ist eigentlich kosmisches Sonnenlicht, Sonnenlicht, das mit Materie durchdrungen ist. Wenn Sie also zum Beispiel den Kokon der Seidenraupe haben, der zu Ihren Seidenkleidern verwendet wird, dann ist das, was in der Seide liegt, durchaus Sonnenlicht, hineingesponnen die Materie der Seidenraupe. Aus ihrem eigenen Leib heraus spinnt die Seidenraupe ihre Substanz in die Sonnenstrahlenrichtung hinein, und dadurch bildet sie den Kokon um sich. Aber es bedarf, damit das geschieht, der Jupitereinwirkung. Die Sonnenstrahlen müssen modifiziert sein durch die Jupitereinwirkung.

Dann kriecht, wie Sie wissen, aus dem Kokon, aus der Puppe, der Schmetterling aus, der Falter, der ja lichtgetragen, lichterglänzend ist. Er verläßt die Dunkelkammer, in die nur das Licht so hineingekonnt hat, wie in die Kromlechs, wie ich Ihnen das beschrieben habe bei den Kromlechs der alten Druiden. Da kommt die Sonne unter den Einfluß des Saturn, und nur mit dem Saturn zusammen kann die Sonne das Licht so in die Luft senden, daß der Falter in der Luft erglänzen kann in seinen mancherlei Farben.

So sehen Sie, wenn wir uns jenes wunderbare Meer der fliegenden Schmetterlinge in der Atmosphäre anschauen, so haben wir darinnen etwas, wovon wir sagen müssen: Das ist im Grunde genommen gar nicht Erdengebilde. Das wird in die Erde hineingeboren von oben her. Der Schmetterling geht mit seinem Ei gar nicht weiter hinunter als bis zu dem, was von der Sonne zur Erde kommt. Der Kosmos schenkt der Erde das Schmetterlingsmeer. Saturn gibt die Farben der Schmetterlinge. Die Sonne gibt die Kraft des Fliegens, hervorgerufen durch die tragende Kraft des Lichtes und so weiter.

Wir haben also in dem Schmetterling tatsächlich, ich möchte sagen, die kleinen Wesen zu sehen, die wie auf die Erde hereingestreut werden durch dasjenige, was Sonne und über der Sonne in unserem Planetensystem ist. Die Schmetterlinge, die Insekten überhaupt, die Libellen, ebenso die anderen Insekten sind durchaus die Gaben von Saturn, Jupiter, Mars und Sonne. Und die Erde könnte kein einziges Insekt hervorbringen, nicht einmal einen Floh, wenn nicht die über der Sonne befindlichen Planeten mit der Sonne zusammen der Erde diese Gabe des Insektenwesens schenken würden. Tatsächlich, daß Saturn, Jupiter und so weiter so freigebig sein können, daß sie hereinflattern lassen können die Insektenwelt, das ist verdankt den ersten beiden Metamorphosen, welche die Erdenentwicklung erlebt hat. [Tafel 2]

Und schauen wir uns jetzt an, wie mitgewirkt haben die zwei letzten Metamorphosen, die Mondenmetamorphose und die Erdenmetamorphose. Nun, wenn das Schmetterlingsei eben nicht der Erde anvertraut wird, so muß doch darauf hingewiesen werden, daß in der Zeit, als die Mondenmetamorphose, die dritte Metamorphose, in ihrem Anfange war, die Schmetterlinge noch nicht so waren wie heute. Es war auch die Erde nicht so abhängig von der Sonne. Die Sonne war eigentlich im Beginn der dritten Metamorphose noch mit der Erde zusammen, hat sich erst dann getrennt. Daher waren die Schmetterlinge auch noch nicht so spröde, daß sie der Erde gar nicht ihre Keime anvertraut hätten. Sie vertrauten sie ja zugleich der Sonne an, indem sie sie der Erde anvertrauten. So kam da eine Differenzierung zustande. Hier, bei den ersten beiden Metamorphosen, kann nur gesprochen werden von den Urahnen der Insektenwelt. Aber dem Kosmos, den äußeren Planeten und der Sonne anvertrauen, bedeutete damals noch der Erde anvertrauen. Erst als die Erde dicht wurde, Wasser bekam, als sie die magnetischen Kräfte des Mondes bekam, da wurde die Sache anders und da trat eine Differenzierung ein.

Nun, nehmen wir an, das alles gehört dem Oberen an: Wärme-Luft; jetzt nehmen wir das Untere: Wasser-Erde. Nehmen wir diejenigen Keime, die das Schicksal hatten, nun der Erde anvertraut zu werden, während eben andere zurückgehalten wurden und nicht der

Erde, sondern nur der Sonne innerhalb des Irdischen anvertraut wurden.

Nehmen wir nun diejenigen Keime, die der Erde anvertraut wurden in der Zeit, als die dritte Metamorphose, die Mondenmetamorphose, entstand. Sehen Sie, diese Keime, die kamen nun ebenso unter den Einfluß der Erdenwirkung, der wäßrigen Erd-Mondwirkung, wie die Insektenkeime nur unter den Einfluß der Sonnenwirkung und dessen, was über der Sonne ist, kamen. Und dadurch, daß diese Keime in den Bereich der Erden-Wasserwirkungen kamen, wurden sie Pflanzenkeime. Und diejenigen Keime, die zurückblieben im Oberen, die blieben Insektenkeime. Und als die dritte Metamorphose dann begann, entstanden so durch das, was dazumal aus dem, was sonnenhaft war, umgewandelt wurde zum Mondig-Irdischen, die Pflanzenkeime innerhalb der dritten Metamorphose der Erdenentwicklung. Was Sie nun hier haben unter dem Einflusse des außerirdischen Kosmos, diese ganze Entwicklung vom Keim durch Raupe, durch Puppe zum Schmetterling, das können Sie nun da verfolgen: Indem der Same irdisch wird, entwickelt sich nicht der Schmetterling, sondern indem der Same irdisch wird, der Erde anvertraut wird – nun nicht der Sonne –, entwickelt sich die Pflanzenwurzel, das erste, was aus dem Keim entsteht. Und statt daß die Raupe kriecht in den Kräften, die vom Mars ausgehen, entsteht das Blatt, das in Spiralstellung herauf kriecht. Das Blatt ist die unter den irdischen Einfluß gekommene Raupe. Sehen Sie sich die kriechende Raupe an, dann haben Sie dasjenige, was im Oberen entspricht dem Unteren, dem Pflanzenblatte, das sich herausmetamorphosiert aus dem, was Wurzel geworden ist durch den Samen, der aus dem Sonnenbereich in den Erdenbereich versetzt worden ist.

Gehen Sie weiter hinauf, dann haben Sie, zusammengezogen immer mehr bis oben, wo der Kelch ist, dasjenige, was Puppe ist. Und endlich entwickelt sich der Falter in der Blüte, die ebenso farbig ist wie der Falter oben in den Lüften. Der Kreislauf ist geschlossen. Wie der Schmetterling sein Ei legt, so entwickelt sich in der Blüte wiederum der Same zu dem Künftigen. Sie sehen: Wir blicken hinauf in die Luft zum Schmetterling, wir verstehen ihn als die in die Luft erhobene Pflanze. Der Schmetterling, vom Ei bis zum Falter, ist dasselbe unter dem Einfluß der Sonne mit den oberen Planeten, was unten die Pflanze unter dem Erdeneinfluß ist. Wenn das zum Blatte kommt [siehe Tafel 2 Mitte], haben wir von der Erde den Mondeinfluß, dann den Venuseinfluß und den Merkureinfluß. Dann geht es wieder zum Erdeneinfluß zurück. Der Same ist wieder der Erdeneinfluß.

Sie sehen also, wir können zwei Sätze vor uns hinstellen, die ein großes Geheimnis der Natur ausdrücken:

Schaue die Pflanze
Sie ist der von der Erde
gefesselte Schmetterling.

Schaue den Schmetterling
Er ist die vom Kosmos
befreite Pflanze.

Die Pflanze – der durch die Erde gefesselte Falter! Der Falter – die durch den Kosmos von der Erde befreite Pflanze!

Schaue man den Schmetterling, das Insekt überhaupt, von dem Keim bis zum flatternden Insekt hin an: Es ist die in die Luft hinaufgehobene, vom Kosmos in der Luft gestaltete Pflanze. Schaue man die Pflanze an: Es ist der Schmetterling, der unten gefesselt wird. Das Ei wird von der Erde in Anspruch genommen. Die Raupe wird metamorphosiert in die Blattbildungen. In das, was zusammengezogen ist, wird die Puppenbildung metamorphosiert. Dann wird das, was sich im Falter entfaltet, in der Blüte bei der Pflanze entwikkelt. Kein Wunder, daß jene innige Beziehung besteht zwischen der Schmetterlings- und Insektenwelt überhaupt und der Pflanzenwelt. Denn eigentlich müssen ja jene geistigen Wesenheiten, welche den Insekten, den Schmetterlingen zugrunde liegen, sich sagen: Hier unten sind unsere Verwandten, mit denen müssen wir es halten, wir müssen uns mit ihnen verbinden, wir müssen, genießend ihre Säfte und so weiter, uns mit ihnen verbinden, denn sie sind unsere Brüder. Sie sind die Brüder, die hinuntergewandelt sind in das Erdenbereich, die von der Erde gefesselt sind, die das andere Dasein gewonnen haben.

Und wiederum, es könnten die Geister, welche die Pflanzen beseelen, hinaufschauen zu den Schmetterlingen und könnten sagen: Das sind die Himmelsverwandten der Erdenpflanze.

Sehen Sie, man kann schon sagen: Verständnis der Welt kann nicht entstehen mit Abstraktionen, denn die Abstraktionen reichen nicht zum Verständnisse hin. Denn das, was im Kosmos wirkt, ist schon die größte Künstlerin. Der Kosmos gestaltet alles nach Gesetzen, die im tiefsten Sinne auch den Künstlersinn befriedigen. Niemand kann den in die Erde versenkten Falter verstehen anders, als indem er im Künstlersinne metamorphosiert, was abstrakte Gedanken sind. Niemand kann verstehen den in die Luft vom Lichte und von den kosmischen Kräften hinaufgehobenen Pflanzenblüteninhalt in dem Schmetterling, der nicht wiederum in künstlerische Bewegung bringen kann die abstrakten Gedanken. Es bleibt aber immerhin etwas ungeheuer Erhebendes, wenn wir diese tiefe innere Verwandtschaft der Naturdinge und Naturwesen ins Auge fassen.

Es ist etwas ganz Eigenes, das Insekt auf der Pflanze sitzen zu sehen und zu gleicher Zeit dann zu sehen, wie über der Pflanzenblüte das Astralische waltet. Da strebt die Pflanze aus dem Irdischen hinaus. Die Sehnsucht der Pflanze nach dem Himmel waltet über den farbenschimmernden Blütenblättern. Die Pflanze selber kann diese Sehnsucht nicht befriedigen. Da strahlt ihr entgegen aus dem Kosmos dasjenige, was der Schmetterling ist. In dem sieht sie, ihn anschauend, die Befriedigung ihrer eigenen Wünsche. Das ist jene wunderbare Verbindung innerhalb der Erdenumgebung, daß die Sehnsuchten der Pflanzenwelt gestillt werden im Anblicke der Insekten, namentlich der Schmetterlingswelt. Das, was die Blumenblütenfarbe ersehnt, indem sie hinausstrahlt in den Weltenraum ihre Farbe, das wird ihr wie eine Erkenntniserfüllung ihrer Sehnsucht, indem ihr der Falter mit seinem Farbenschimmer entgegenkommt. Ausstrahlende, Wärme ausstrahlende Sehnsucht, vom Himmel hereinstrahlende Befriedigung: Das ist der Verkehr der Pflanzenblütenwelt mit der Schmetterlingsfalterwelt. Das ist dasjenige, was wir sehen sollen in der Erdenumgebung.

Ich werde nun, nachdem der Übergang zur Pflanzenwelt gewonnen ist, in der Lage sein, die Betrachtungen, die vom Menschen bis zu den Tieren gegangen sind, in der nächsten Zeit zu erweitern. Wir können nun die Pflanzenwelt einbeziehen und werden so allmählich zu dem Verhältnis des Menschen zu der ganzen Erde kommen. Aber dazu war es notwendig, daß sozusagen die Brücke geschlagen wurde von der flatternden Pflanze der Luft, dem Schmetterling, zu dem in der Erde festsitzenden Schmetterling, zu der Pflanze hin. Die Erdenpflanze ist der festsitzende Schmetterling. Der Schmetterling ist die fliegende Pflanze. Haben wir diesen Zusammenhang zwischen der erdgebundenen Pflanze und dem himmelbefreiten Schmetterling erkannt, dann haben wir eben erst die Brücke geschlagen zwischen der Tierwelt und der Pflanzenwelt, und dann können wir ganz gewiß mit einer gewissen Gleichgültigkeit auf all die Trivialitäten herunterschauen, die immerzu wiederum sagen, wie die Urzeugung und dergleichen war. Mit diesen Prosabegriffen reicht man nicht in die Gebiete des Universums hinein, in die man hineinreichen muß. Da hinein reicht man erst, wenn man die Prosabegriffe überführen kann in künstlerische Begriffe und dann zu der Vorstellung kommen kann, wie von dem himmelentsprungenen Schmetterlingsei, das nur der Sonne anvertraut wird, die Pflanze erst später entsteht, indem dieses Schmetterlingsei metamorphosiert wird dadurch, daß es, während es früher nur sonnenvertraut war, jetzt erdenvertraut wird.

Vergeistigung der Materie durch den Schmetterling

VORTRAG DORNACH, 27. OKTOBER 1923

Diese Vorträge handeln von dem inneren Zusammenhang der Welterscheinungen und Weltwesen, und Sie haben schon gesehen, daß sich mancherlei ergibt, von dem derjenige, der nur die äußere Erscheinungswelt ins Auge faßt, zunächst keine Ahnung haben kann. Wir haben gesehen, wie im Grunde genommen eine jede Wesensart – wir haben es an ein paar Beispielen gezeigt – ihre Aufgabe hat im ganzen Zusammenhange des kosmischen Daseins. Nun wollen wir heute gewissermaßen rekapitulierend noch einmal hinschauen auf Wesensarten, von denen wir schon gesprochen haben, wollen ins Auge fassen dasjenige, was ich in den letzten Tagen über die Schmetterlingsnatur gesagt habe. Ich habe gerade im Gegensatz zur Pflanzenwesenheit diese Schmetterlingsnatur entwickelt, und wir haben uns sagen können, wie der Schmetterling eigentlich ein Wesen ist, welches dem Lichte angehört, dem Lichte, insofern es modifiziert wird von der Kraft der äußeren Planeten, des Mars, des Jupiter, des Saturn. So daß wir eigentlich, wenn wir den Schmetterling in seiner Wesenheit verstehen wollen, hinaufschauen müssen in die höheren Regionen des Kosmos und uns sagen müssen: Diese höheren Regionen des Kosmos beschenken die Erde, begnaden die Erde mit der Schmetterlingswesenheit.

Nun geht aber, ich möchte sagen, diese Begnadung der Erde eigentlich noch viel tiefer. Erinnern wir uns, wie wir sagen mußten, der Schmetterling beteilige sich eigentlich nicht an dem unmittelbar irdischen Dasein, sondern nur mittelbar, insofern die Sonne mit ihrer Wärme und Leuchtekraft eben im irdischen Dasein tätig ist. Der Schmetterling legt sogar seine Eier dahin, wo sie aus der Region der Sonnenwirksamkeit nicht herauskommen, wo sie in der Region der Sonnenwirksamkeit bleiben, so daß der Schmetterling sein Ei nicht der Erde, sondern eigentlich nur der Sonne übergibt. Dann kriecht die Raupe aus, die unter dem Einfluß der Marswirkung steht; natürlich, die Sonnenwirkung bleibt immer vorhanden. Es bildet sich die Puppe, die unter der Jupitereinwirkung steht. Es kriecht aus der Puppe der Schmetterling aus, der dann in seinem Farbenschillern das in der Umgebung der Erde wiedergibt, was die mit der Saturnkraft vereinigte Sonnenleuchtekraft der Erde sein kann.

So sehen wir eigentlich unmittelbar wirksam innerhalb des irdischen Daseins, in der Umgebung des irdischen Daseins, die Saturnwirksamkeit in den mannigfaltigen Farben des Schmetterlingsdaseins. Aber erinnern wir uns daran, daß ja die Substanzen, die in Betracht kommen für das Weltendasein, zweierlei sind. Wir haben es zu tun mit den rein stofflichen Substanzen der Erde, und wir haben es zu tun mit den geistigen Substanzen, und ich habe Ihnen gesagt, daß das Merkwürdige darinnen besteht, daß der Mensch in bezug auf seinen Stoffwechsel-Gliedmaßenorganismus die geistige Substanz zugrundeliegend hat, während seinem Haupte, seinem Kopfe die physische Substanz zugrunde liegt. In der unteren Natur des Menschen wird die geistige Substanz durchdrungen mit physischer Kraftwirkung, mit Schwerewirkung, mit den anderen irdischen Kraftwirkungen. Im Haupte wird die irdische Substanz, die durch den ganzen Stoffwechsel, die Zirkulation, die

Nerventätigkeit und so weiter hinaufgeschafft wird in das Haupt des Menschen, durchdrungen von übersinnlichen geistigen Kräften, die sich widerspiegeln in unserem Denken, in unserem Vorstellen. So daß wir also im Haupte des Menschen vergeistigte physische Materie haben und daß wir im Stoffwechsel-Gliedmaßensystem verirdischte – wenn ich das Wort bilden darf –, verirdischte geistig-spirituelle Substantialität haben.

Nun, diese vergeistigte Materie haben wir vor allen Dingen beim Schmetterlingswesen. Indem das Schmetterlingswesen überhaupt im Bereich des Sonnendaseins bleibt, bemächtigt es sich der irdischen Materie, ich möchte sagen – es ist natürlich noch bildlich gesprochen – nur wie im feinsten Staub. Der Schmetterling eignet sich die irdische Materie an nur wie im feinsten Staub. Er verschafft sich auch seine Nahrung aus denjenigen Substanzen der Erde, welche sonnendurcharbeitet sind. Er vereinigt mit seiner eigenen Wesenheit nur, was sonnendurcharbeitet ist; er entnimmt schon allem Irdischen das Feinste sozusagen und treibt es bis zur vollständigsten Vergeistigung. In der Tat hat man, wenn man den Schmetterlingsflügel ins Auge faßt, im Grunde die vergeistigteste Erdenmaterie vor sich. Dadurch, daß die Materie des Schmetterlingsflügels farbdurchdrungen ist, ist sie die vergeistigteste Erdenmaterie.

Der Schmetterling ist eigentlich diejenige Wesenheit, die ganz in vergeistigter Erdenmaterie lebt. Man kann es sogar geistig sehen, wie der Schmetterling seinen Körper, den er inmitten seiner Farbflügel hat, in einer gewissen Weise verachtet, weil seine ganze Aufmerksamkeit, sein ganzes Gruppenseelentum eigentlich im freudigen Genießen seiner Flügelfarben ruht.

Ebenso wie man dem Schmetterling folgen kann in der Bewunderung seiner schillernden Farben, kann man ihm folgen in der Bewunderung der flatternden Freude über diese Farben. Das ist etwas, was im Grunde genommen bei den Kindern schon kultiviert werden sollte, diese Freude an der Geistigkeit, die herumflattert in der Luft, und die eigentlich flatternde Freude ist, Freude am Farbenspiel. In dieser Beziehung nuanciert sich das Schmetterlingsmäßige in einer ganz wunderbaren Weise. Und dem allem liegt dann etwas anderes zugrunde.

Wir konnten vom Vogel, den wir im Adler repräsentiert fanden, sagen, daß er bei seinem Tode die vergeistigte Erdensubstanz in die geistige Welt hineintragen kann, daß er dadurch seine Aufgabe im kosmischen Dasein hat, daß er als Vogel die Erdenmaterie vergeistigt und dasjenige tun kann, was der Mensch nicht tun kann. Der Mensch hat in seinem Kopfe auch die Erdenmaterie bis zu einem gewissen Grade vergeistigt, aber er kann diese Erdenmaterie nicht hineinnehmen in die Welt, die er durchlebt zwischen dem Tode und einer neuen Geburt, denn er würde fortwährend einen unsäglichen, nicht erträglichen, zerstörenden Schmerz aushalten müssen, wenn er diese vergeistigte Erdenmaterie seines Kopfes hineintragen wollte in die geistige Welt.

Die Vogelwelt, durch den Adler repräsentiert, kann das, so daß in der Tat dadurch ein Zusammenhang geschaffen wird zwischen dem, was irdisch ist, und dem, was außerirdisch ist. Die irdische Materie wird zunächst gewissermaßen langsam in den Geist übergeführt, und das Vogelgeschlecht hat die Aufgabe, diese vergeistigte irdische Materie dem Weltenall zu übergeben. Man wird schon sagen können, wenn einmal die Erde am Ende ihres Daseins angekommen ist: Diese Erdenmaterie ist vergeistigt worden, und das Vogelgeschlecht war da innerhalb der ganzen Ökonomie des

Erdendaseins, um die vergeistigte Erdenmaterie in das Geisterland zurückzutragen.

Mit den Schmetterlingen ist es noch etwas anderes. Der Schmetterling vergeistigt noch mehr die irdische Materie als der Vogel. Der Vogel kommt immerhin dazu, viel näher der Erde zu stehen als der Schmetterling. Ich werde das nachher ausführen. Aber der Schmetterling ist imstande, dadurch, daß er eben die Sonnenregion gar nicht verläßt, seine Materie so weit zu vergeistigen, daß er nun nicht erst bei seinem Tode, wie der Vogel, sondern schon während seines Lebens fortwährend vergeistigte Materie an die Erdenumgebung, an die kosmische Erdenumgebung abgibt.

Denken Sie einmal, wie das eigentlich ein Großartiges ist in der ganzen kosmischen Ökonomie, wenn wir uns vorstellen können: die Erde, durchflattert von der Schmetterlingswelt in der mannigfaltigsten Weise und fortwährend in den Weltenraum hinausströmend vergeistigte Erdenmaterie, die die Schmetterlingswelt an den Kosmos abgibt! [Tafel 3] So daß wir also diese Region der Schmetterlingswelt um die Erde herum durch eine solche Erkenntnis mit noch ganz anderen Gefühlen betrachten können.

Wir können hineinschauen in diese flatternde Welt und können uns sagen: Ihr Flattertiere, ihr strahlt sogar Besseres als das Sonnenlicht, ihr strahlet Geistlicht in den Kosmos hinaus! – Das Geistige wird ja von unserer materialistischen Wissenschaft wenig berücksichtigt. Und so hat eigentlich diese materialistische Wissenschaft gar keine Handhabe, um auf diese Dinge, die zum Ganzen der Weltökonomie gehören, auch nur irgendwie zu kommen. Aber sie sind ja da, wie die physischen Wirkungen da sind, und sie sind wesentlicher als die physischen Wirkungen. Denn das, was da hinausstrahlt in das Geisterland, das wird fortwirken, wenn die Erde längst zugrunde gegangen ist; das, was heute der Physiker, der Chemiker konstatiert, das wird seinen Abschluß finden mit dem Erdendasein. So daß also, wenn irgendein Beobachter draußen im Kosmos säße und eine lange Zeit zur Beobachtung hätte, er sehen würde, wie etwas wie eine kontinuierliche Ausstrahlung von Geistmaterie in das Geisterland, von geistig gewordener Materie in das Geisterland stattfindet, wie die Erde ihr eigenes Wesen hinaus in den Weltenraum, in den Kosmos ausstrahlt, und wie, sprühenden Funken gleich, immerfort aufleuchtenden Funken, das, was das Vogelgeschlecht, jeder Vogel nach seinem Tode, aufglänzen läßt, in dieses Weltenall nunmehr strahlenförmig hinausgeht: ein Glimmern von Schmetterlingsgeisteslicht und ein Sprühen von Vogelgeisteslicht!

Das sind die Dinge, die aber zu gleicher Zeit dahin die Aufmerksamkeit lenken könnten, daß, wenn man nun zur anderen Sternenwelt hinausschaut, man auch nicht glauben soll, daß da nur das herunterstrahlt, was das Spektroskop zeigt, oder vielmehr, was in das Spektroskop der Spektroskopiker hineinphantasiert, sondern das, was von den anderen Sternenwelten zur Erde herunterstrahlt, ist ebenso das Ergebnis von Lebewesen in anderen Welten, wie das, was von der Erde hinausstrahlt in den Weltenraum, das Ergebnis von Lebewesen ist. Wir schauen einen Stern an und stellen uns mit dem heutigen Physiker so etwas vor wie eine entzündete unorganische Flamme – so ähnlich. Es ist natürlich völliger Unsinn. Denn, was da geschaut wird, das ist durchaus das Ergebnis von Belebtem, Beseeltem, Vergeistigtem.

Gehen wir nun herein von diesem Schmetterlingsgürtel, wenn ich so sagen darf, der die Erde umgürtet, noch einmal zu dem Vogelgeschlechte. Wenn wir uns das, was wir schon wissen, vorstellen, so haben wir drei aneinandergrenzende Regionen. Über demselben sind andere Regionen, unter demselben wieder andere Regionen. [Tafel 4] Wir haben den Lichtäther, wir haben den Wärmeäther, der aber eigentlich zwei Teile hat, zwei Schichten; die eine ist die irdische Wärmeschicht, die andere ist die kosmische Wärmeschicht, und die spielen fortwährend ineinander. Wir haben in der Tat nicht einerlei, sondern zweierlei Wärme, diejenige Wärme, die eigentlich irdischen, tellurischen Ursprungs ist, und solche, die kosmischen Ursprungs ist. Die spielen fortwährend ineinander. Dann haben wir angrenzend an den Wärmeäther die Luft. Dann kämen Wasser und Erde, und oben käme chemischer Äther, Lebensäther.

Wenn wir nun das Schmetterlingsgeschlecht nehmen, so gehört es vorzugsweise dem Lichtäther an, und der Lichtäther selber ist das Mittel, in dem die Leuchtekraft hervorholt aus dem Schmetterlingsei die Raupe; die Leuchtekraft im wesentlichen holt das hervor. Das ist schon nicht so beim Vogelgeschlecht. Die Vögel legen ihre Eier. Die müssen nun von Wärme ausgebrütet werden. Das Schmetterlingsei wird einfach der Sonnennatur überlassen; das Vogelei kommt in die Region der Wärme. In der Region des Wärmeäthers ist der Vogel vorhanden, und er überwindet eigentlich das, was bloße Luft ist.

Der Schmetterling fliegt auch in der Luft, aber er ist im Grunde genommen ganz ein Lichtgeschöpf. Und indem die Luft durchdrungen wird vom Lichte, wählt der Schmetterling innerhalb dieses Licht-Luftdaseins nicht das Luftdasein, sondern das Lichtdasein; die Luft ist ihm nur der Träger. Die Luft sind die Wogen, auf denen er gewissermaßen herumschwimmt, aber sein Element ist das Licht. Der Vogel fliegt in der Luft, aber sein Element ist eigentlich die Wärme, die verschiedenen Wärmedifferenzen in der Luft, und er überwindet in einem gewissen Grade die Luft. Der Vogel ist ja auch innerlich ein Luftwesen. Im hohen Grade ist er ein Luftwesen. Sehen Sie sich einmal die Knochen der Säugetiere, die Knochen des Menschen an: Sie sind von Mark erfüllt. Wir werden davon noch sprechen, warum sie von Mark erfüllt sind. Die Vogelknochen sind hohl und nur mit Luft ausgefüllt. Wir bestehen also, insofern das in Betracht kommt, was innerhalb unserer Knochen ist, aus Markmäßigem, der Vogel besteht aus Luft, und sein Markmäßiges ist reine Luft. Wenn Sie die Vogellungen nehmen, so finden Sie in dieser Vogellunge eine ganze Menge von Säcken, die ausgehen von der Lunge; das sind Luftsäcke. Wenn der Vogel einatmet, dann atmet er nicht nur in die Lunge ein, sondern er atmet in diese Luftsäcke die Luft hinein, und von den Luftsäcken geht es in die hohlen Knochen. So daß, wenn man alles Fleisch und alle Federn von dem Vogel loslösen und die Knochen wegnehmen könnte, so würde man noch ein aus Luft bestehendes Tier bekommen, das die Form hätte der inneren Lungenausfüllung und auch der inneren Ausfüllung aller Knochen. Sie hätten, wenn man es in der Form vorstellt, ganz die Form des Vogels. Im Fleisch- und Beinadler sitzt ein Luftadler drinnen. Das ist nun nicht bloß aus dem Grunde, daß da noch ein Luftadler drinnen ist, sondern nun atmet der Vogel; durch die Atmung erzeugt er Wärme. Diese Wärme, die teilt er seiner Luft mit, die er nun in alle seine Gliedmaßen preßt. Da entsteht der Wärmeunterschied gegenüber der äußeren Umgebung. Da hat er seine Innenwärme, da hat er die äußere Wärme. In diesem

Niveauunterschiede zwischen der äußeren Wärme der Luft und der Wärme, die er seiner eigenen Luft drinnen gibt, in diesem Niveauunterschiede, also in einem Niveauunterschiede innerhalb der Wärme, des Wärmeelementes lebt eigentlich der Vogel. Und wenn Sie den Vogel fragen würden in entsprechender Weise, wie es ihm eigentlich mit seinem Körper ist, dann würde er Ihnen – wenn Sie die Vogelsprache verstünden, würden Sie schon sehen, daß er das tut – so antworten, daß Sie erkennen würden, er redet von den fest substantiellen Knochen und von dem, was er sonst an sich trägt, etwa so, wie wenn Sie bepackt sind links und rechts und auf dem Rücken und auf dem Kopf mit lauter Koffern. Da sagen Sie auch nicht: Das ist mein Leib, der rechte Koffer, der linke Koffer und so weiter. – Geradesowenig wie Sie von diesen Dingen, mit denen Sie bepackt sind, als von Ihrem Leibe reden, sondern wie Sie das an sich tragen, so redet der Vogel, wenn er von sich redet, bloß von der von ihm erwärmten Luft, und von dem anderen als von dem Gepäck, das er mitträgt im irdischen Dasein. Diese Knochen, die diesen eigentlichen Vogelluftleib umhüllen: Das ist sein Gepäck. So daß wir also durchaus sagen müssen: Im Grunde genommen lebt der Vogel ganz und gar im Wärmeelemente, und der Schmetterling im Lichtelemente. Für den Schmetterling ist alles, was physische Substanz ist, die er vergeistigt, vor der Vergeistigung eigentlich erst recht, man möchte sagen nicht einmal Gepäck, sondern Hauseinrichtung. Noch ferner steht sie ihm.

Also indem wir in diese Region hinaufkommen, zu dem Getier in diesen Regionen, kommen wir zu etwas, was wir gar nicht auf physische Art beurteilen dürfen. Wenn wir es auf physische Art beurteilen, so ist es etwa so, wie wenn wir einen Menschen so zeichnen wollten, daß wir seine Haare hineingewachsen malen würden in das, was er auf dem Kopfe tragen würde, seine Koffer zusammengewachsen mit den Armen, seinen Rücken mit irgend etwas, was er als Rucksack trägt, so daß wir ihn ganz buckelig machen würden, als ob der Rucksack hinten hinausgewachsen wäre. Wenn wir den Menschen so zeichnen würden, so würde das entsprechen der Vorstellung, die man sich als Materialist über den Vogel eigentlich macht. Das ist gar nicht der Vogel, das ist das Gepäck des Vogels. Der Vogel fühlt sich eigentlich auch so, als ob er furchtbar schleppt an diesem seinem Gepäck, denn er möchte am liebsten frank und frei, gar nicht belastet, als ein warmes Luftgetier durch die Welt seine Wanderung vollführen. Das andere ist ihm eine Last. Und er bringt den Tribut dem Weltendasein, indem er ihm diese Last vergeistigt und ins Geisterland hinausschickt, wenn er stirbt; der Schmetterling noch während seiner Lebenszeit.

Sehen Sie, der Vogel atmet und verwendet die Luft auf die Weise, wie ich es Ihnen gesagt habe. Beim Schmetterling ist es noch anders. Der Schmetterling atmet überhaupt nicht durch solche Vorrichtungen, wie sie die sogenannten höheren Tiere haben; es sind ja nur die voluminöseren Tiere, es sind nicht die höheren Tiere in Wirklichkeit. Der Schmetterling atmet eigentlich nur durch Röhren, die von seiner äußeren Umhüllung nach innen hineingehen und die etwas aufgeblasen sind, so daß er die Luft aufspeichern kann, wenn er fliegt, so daß ihn das nicht stört, daß er da nicht immer zu atmen braucht. Er atmet eigentlich immer nur durch Röhren, die in sein Inneres hineingehen. Dadurch, daß er durch Röhren atmet, die in sein Inneres hineingehen, hat er die Möglichkeit, mit der Luft, die er einatmet, zugleich das Licht, das in der Luft ist, in seinen ganzen Körper aufzunehmen. Da ist auch ein großer Unterschied vorhanden.

Schematisch dargestellt: Stellen Sie sich ein höheres Tier vor; das hat die Lunge. In die Lunge kommt der Sauerstoff hinein und verbindet sich da mit dem Blute auf dem Umweg durch das Herz. Das Blut muß in Herz und Lunge einfließen, um mit dem Sauerstoff in Berührung zu kommen bei diesen voluminöseren Tieren und auch beim Menschen. [Tafel 4] Beim Schmetterling muß ich ganz anders zeichnen. Da muß ich so zeichnen: Wenn das der Schmetterling ist, gehen da überall die Röhren herein; diese Röhren verästeln sich weiter. Und der Sauerstoff geht nun da überall hinein, verästelt sich selber mit; die Luft dringt überall in den Körper ein.

Bei uns und bei den sogenannten höheren Tieren kommt die Luft nur als Luft bis in die Lungen; bei dem Schmetterling breitet sich die äußere Luft mit ihrem Inhalte an Licht im ganzen inneren Leib aus. Der Vogel breitet die Luft bis in seine hohlen Knochen hinein aus; der Schmetterling ist nicht nur nach außen hin das Lichttier, sondern er breitet das Licht, das von der Luft getragen wird, in seinem ganzen Körper überallhin aus, so daß er auch innerlich Licht ist. Wenn ich Ihnen schildern konnte, daß der Vogel eigentlich innerlich erwärmte Luft ist, so ist der Schmetterling eigentlich ganz Licht. Es besteht auch sein Körper aus Licht, und die Wärme ist für den Schmetterling eigentlich Last, Gepäck. Er flattert ganz und gar im Lichte und baut seinen Leib eigentlich ganz aus dem Lichte herein auf. Und wir müßten, wenn wir den Schmetterling in der Luft flattern sehen, eigentlich bloße Lichtwesen flattern sehen, über ihre Farben, ihr Farbenspiel sich freuende Lichtwesen. Das andere ist Bekleidung und Gepäck. Man muß erst darauf kommen, aus was eigentlich die

Wesen der Erdenumgebung bestehen, denn der äußere Schein täuscht.

Diejenigen, die heute so oberflächlich dies oder jenes gelernt haben, sagen wir aus morgenländischer Weisheit, die sprechen davon, daß die Welt Maja ist. Aber das ist nun wirklich nichts, wenn man sagt: Die Welt ist Maja. Man muß in den Einzelheiten sehen, wie sie Maja ist. Maja versteht man, wenn man weiß, der Vogel schaut eigentlich gar nicht in seiner Wesenheit so aus, wie er außen erscheint, sondern er ist ein warmes Luftwesen. Der Schmetterling schaut gar nicht so aus, wie er da erscheint, sondern er ist ein Lichtwesen, das da herumflattert und das im wesentlichen eigentlich aus der Freude an dem Farbenspiel besteht, an jenem Farbenspiel, das an dem Schmetterlingsflügel entsteht, indem die irdische Staubmaterie vom Farbigen durchdrungen wird und dadurch auf der ersten Stufe der Vergeistigung hinaus ins geistige Weltenall, in den geistigen Kosmos ist.

Sehen Sie, da haben Sie, ich möchte sagen, zwei Stufen: den Schmetterling, den Bewohner des Lichtäthers in unserer Erdenumgebung; den Vogel, den Bewohner des Wärmeäthers in unserer Erdenumgebung. Und nun die dritte Sorte. Wenn wir herunterkommen in die Luft, da kommen wir dann zu jenen Wesen, welche in einer bestimmten Periode unserer Erdenevolution noch gar nicht da sein konnten, zum Beispiel in der Zeit, in der der Mond noch bei der Erde war, in der der Mond sich noch nicht von der Erde getrennt hatte. Da kommen wir zu Wesen, die zwar auch Luftwesen sind, das heißt, in der Luft leben, aber eigentlich schon durchaus hart berührt sind von dem, was der Erde eigentümlich ist, von der Erdenschwere. Der Schmetterling ist noch gar nicht von der Erdenschwere berührt. Der Schmetterling flattert freudig im Lichtäther und fühlt sich selber als ein Geschöpf, aus dem Lichtäther heraus geboren. Der Vogel überwindet die Schwere, indem er die Luft in seinem Inneren erwärmt, dadurch warme Luft ist, und warme Luft wird von der kalten Luft getragen. Er überwindet noch die Erdenschwere.

Diejenigen Tiere, welche zwar ihrer Abstammung gemäß noch in der Luft leben müssen, aber die Erdenschwere nicht überwinden können, weil sie nicht hohle Knochen haben, sondern markerfüllte Knochen, weil sie auch nicht solche Luftsäcke haben wie die Vögel, diese Tiere sind die Fledermäuse.

Die Fledermäuse sind ein ganz merkwürdiges Tiergeschlecht. Die Fledermäuse überwinden gar nicht durch das Innere ihres Körpers die Schwere der Erde. Sie sind nicht lichtleicht wie der Schmetterling, sie sind nicht wärmeleicht wie der Vogel, sie unterliegen schon der Schwere der Erde und fühlen sich auch schon in ihrem Fleisch und Bein. Daher ist den Fledermäusen dasjenige Element, aus dem zum Beispiel der Schmetterling besteht, in dem der Schmetterling ganz und gar lebt, dieses Element des Lichtes, unangenehm. Sie lieben die Dämmerung. Sie müssen die Luft benützen, aber sie haben die Luft am liebsten, wenn die Luft nicht das Licht trägt. Sie übergeben sich der Dämmerung. Sie sind eigentlich Dämmerungstiere. Die Fledermäuse können sich nur dadurch in der Luft halten, daß sie, ich möchte sagen, die etwas karikaturhaft aussehenden Fledermausflügel haben, die ja gar nicht wirkliche Flügel sind, sondern ausgespannte Häute, zwischen den verlängerten Fingern ausgespannte Häute, Fallschirme. Dadurch halten sie sich in der Luft. Dadurch überwinden sie, indem sie der Schwere selber etwas, was mit dieser Schwere zusammenhängt, als Gegengewicht entgegenstellen, die Schwere. Aber sie sind dadurch ganz in den Bereich der Erdenkräfte hereingespannt. Man kann niemals eigentlich nach den physikalisch-mechanischen Konstruktionen den Schmetterlingsflug so ohne weiteres konstruieren, auch den Vogelflug nicht. Es wird niemals vollständig stimmen. Man muß da etwas hineinbringen, das andere Konstruktionen noch enthält. Aber den Fledermausflug, den können Sie durchaus mit irdischer Dynamik und Mechanik konstruieren.

Die Fledermaus liebt nicht das Licht, die lichtdurchdrungene Luft, sondern höchstens die vom Lichte etwas durchspielte Dämmerungsluft. Die Fledermaus unterscheidet sich dadurch von dem Vogel, daß der Vogel, wenn er schaut, eigentlich immer das im Auge hat, was in der Luft ist. Selbst der Geier, wenn er das Lamm sieht, empfindet das so, daß das Lamm etwas ist, was am Ende des Luftkreises ist, wenn er von oben sieht, was wie an die Erde angemalt ist. Und außerdem ist es kein bloßes Sehen, es ist ein Begehren, was Sie wahrnehmen werden, wenn Sie den Geierflug, der auf das Lamm gerichtet ist, wirklich ansehen, der eine ausgesprochene Dynamik des Wollens, des Willens, des Begehrens ist.

Der Schmetterling sieht überhaupt, was auf der Erde ist, so wie im Spiegel; für den Schmetterling ist die Erde ein Spiegel. Er sieht das, was im Kosmos ist. Wenn Sie den Schmetterling flattern sehen, dann müssen Sie sich eigentlich vorstellen: Die Erde, die beachtet er nicht, die ist ein Spiegel. Die Erde spiegelt ihm dasjenige, was im Kosmos ist. Der Vogel sieht nicht das Irdische, aber er sieht das, was in der Luft ist. Die Fledermaus erst fängt an, dasjenige wahrzunehmen, was sie durchfliegt oder an dem sie vorbeifliegt. Und da sie das Licht nicht liebt, so ist sie eigentlich von all dem, was sie sieht, unangenehm berührt. Man kann schon sagen, der Schmetterling und der Vogel sehen auf eine sehr geistige Art. Das erste Tier von oben herunter, das auf irdische Art sehen muß, ist unangenehm von diesem Sehen berührt. Die Fledermaus hat das Sehen nicht gerne, und sie hat daher etwas, ich möchte sagen wie verkörperte Angst vor dem, was sie sieht und nicht sehen will. Sie möchte so vorbeihuschen an den Dingen: sehen müssen und nicht sehen wollen – da möchte sie sich so überall vorbeidrücken. Deshalb, weil sie sich so vorbeidrücken möchte, möchte sie auf alles so wunderbar hinhören. Die Fledermaus ist tatsächlich ein Tier, das dem eigenen Flug fortwährend zuhört, ob dieser Flug nicht irgendwie gefährdet wird.

Sehen Sie sich die Fledermausohren an. Sie können es den Fledermausohren ansehen, daß sie auf Weltenangst gestimmt sind. Das sind sie, diese Fledermausohren. Das sind ganz merkwürdige Gebilde, sie sind richtig aufs Hinschleichen durch die Welt, auf Weltenangst gestimmt. Das alles versteht man erst, wenn man die Fledermaus in diesem Zusammenhange betrachtet, in den wir sie jetzt hineinstellen.

Da müssen wir noch etwas sagen. Der Schmetterling gibt fortwährend vergeistigte Materie an den Kosmos ab, und er ist der Liebling der Saturnwirkungen. Nun erinnern Sie sich daran, wie ich hier ausgeführt habe, daß der Saturn der große Träger des Gedächtnisses unseres Planetensystems ist. Der Schmetterling hängt ganz zusammen mit dem Erinnerungsvermögen unseres Planeten. Das sind die Erinnerungsgedanken, die im Schmetterling leben. Der Vogel – ich habe Ihnen das auch schon ausgeführt – ist im Ganzen eigentlich ein Kopf, und in dieser durchwärmten Luft, die er durchfliegt durch den Weltenraum, ist er eigentlich der lebendig fliegende Gedanke. Was wir in uns als Gedanken haben, was ja auch zusammenhängt mit dem Wärmeäther, ist die Vogelnatur, die Adlernatur in uns. Der Vogel ist der fliegende Gedanke. Die Fledermaus aber ist der fliegende Traum, das fliegende Traumbild des Kosmos. So daß Sie sagen können: Die Erde ist umwoben von den Schmetterlingen: sie sind die kosmische Erinnerung; und von dem Vogelgeschlechte: es ist das kosmische Denken; und von der Fledermaus: sie ist der kosmische Traum, das kosmische Träumen. [Tafel 3] Es sind in der Tat die fliegenden Träume des Kosmos, die als Fledermäuse den Raum durchsausen. Wie der Traum das Dämmerlicht liebt, so liebt der Kosmos das Dämmerlicht, indem er die Fledermaus durch den Raum schickt. Die dauernden Gedanken der Erinnerung, sie sehen wir verkörpert in dem Schmetterlingsgürtel der Erde; die in der Gegenwart lebenden Gedanken in dem Vogelgürtel der Erde; die Träume in der Umgebung der Erde fliegen verkörpert als Fledermäuse herum. Fühlen Sie doch, wenn wir uns so recht in ihre Form vertiefen, wie verwandt dieses Anschauen einer Fledermaus mit dem Träumen ist! Eine Fledermaus kann man gar nicht anders ansehen, als daß einem der Gedanke kommt: Du träumst doch; das ist doch eigentlich etwas, was nicht da sein sollte, was so heraus ist aus den übrigen Naturgeschöpfen, wie der Traum heraus ist aus der gewöhnlichen physischen Wirklichkeit.

Wir können also sagen: Der Schmetterling sendet die vergeistigte Substanz in das Geisterland hinein während seines Lebens; der Vogel sendet sie hinaus nach seinem Tode. Was macht nun die Fledermaus? Die Fledermaus sondert die vergeistigte Substanz, insbesondere jene vergeistigte Substanz, welche in den gespannten Häuten zwischen den einzelnen Fingern lebt, ab während ihrer Lebenszeit, übergibt sie aber nicht dem Weltenall, sondern sondert sie in der Erdenluft ab. Dadurch entstehen fortwährend, ich möchte sagen, Geistperlen in der Erdenluft. Und so haben wir umgeben die Erde mit diesem kontinuierlichen Glimmen der ausströmenden Geistmaterie des Schmetterlings, hineinsprühend dasjenige, was von den sterbenden Vögeln kommt, aber zurückstrahlend nach der Erde die eigentümlichen Einschlüsse der Luft, da, wo die Fledermäuse absondern das, was sie vergeistigen. Das sind die Geistgebilde, die man immer schaut, wenn man eine Fledermaus fliegen sieht. Tatsächlich hat sie immer wie ein Komet etwas wie einen Schwanz hinter sich. Sie sondert Geistmaterie ab, schickt sie aber nicht fort, sondern stößt sie zurück in die physische Erdenmaterie. In die Luft hinein stößt sie sie zurück. Ebenso wie man mit dem physischen Auge die physische Fledermaus flattern sieht, so kann man flattern sehen durch die Luft diese entsprechenden Geistgebilde der Fledermäuse; die sausen durch den Luftraum. Und wenn wir wissen: Die Luft besteht aus Sauerstoff, Stickstoff und anderen Bestandteilen, so ist das nicht alles; sie besteht außerdem aus dem Geisteinfluß der Fledermäuse.

So sonderbar und paradox das klingt: Dieses Traumgeschlecht der Fledermäuse sendet kleine Gespenster in die Luft herein, die sich dann vereinigen zu einer gemeinsamen Masse. Man nennt in der Geologie das, was unterhalb der Erde ist und noch eine Gesteinsmasse ist, die breiweich ist, Magma. Man könnte von einem Geistmagma in der Luft sprechen, das von den Ausflüssen der Fledermäuse herrührt.

Gegen dieses Geistmagma waren in alten Zeiten, in denen es instinktives Hellsehen gegeben hat, die Menschen sehr empfindlich, geradeso wie heute noch manche Leute gegen Materielleres, zum Beispiel schlechte Düfte, empfindlich sind; nur daß man das als etwas, ich möchte sagen, mehr Plebejisches ansehen könnte, während in der alten instinktiven Hellseherzeit die Menschen empfindlich waren für das, was als Fledermausrest in der Luft vorhanden ist.

Dagegen haben sie sich geschützt. Und in manchen Mysterien gab es ganz besondere Formeln, durch die sich die Menschen innerlich versperrten, damit dieser Fledermausrest keine Gewalt über sie habe. Denn als Menschen atmen wir mit der Luft nicht bloß den Sauerstoff und den Stickstoff ein, wir atmen auch diese Fledermausreste ein. Nur ist die heutige Menschheit nicht darauf aus, sich vor diesen Fledermausresten schützen zu lassen, sondern während sie unter Umständen recht empfindlich ist, ich will sagen für Gerüche, ist sie höchst unempfindlich für Fledermausreste. Die verschluckt sie, man kann schon sagen, ohne daß sie auch nur irgend etwas von Ekel dabei empfindet. Es ist ganz merkwürdig: Leute, die sonst recht zimperlich sind, verschlucken das, von dem ich hier spreche, was das Zeug hält. Aber das geht dann auch in den Menschen hinein. Es geht nicht in den physischen und in den Ätherleib, aber es geht in den Astralleib hinein.

Ja, Sie sehen, wir kommen da zu merkwürdigen Zusammenhängen. Initiationswissenschaft führt eben überall in das Innere der Zusammenhänge hinein: Diese Fledermausreste sind die begehrteste Nahrung dessen, was ich Ihnen in den Vorträgen hier geschildert habe als den Drachen. Nur müssen sie zuerst in den Menschen hineingeatmet werden, diese Fledermausreste. Und der Drache hat seine besten Anhaltspunkte in der menschlichen Natur, wenn der Mensch seine Instinkte durchsetzt sein läßt von diesen Fledermausresten. Die wühlen da drinnen. Und die frißt der Drache und wird dadurch fett, natürlich geistig gesprochen, und bekommt Gewalt über den Menschen, bekommt Gewalt in der mannigfaltigsten Weise. Und da ist es so, daß auch der heutige Mensch sich wiederum schützen muß. Der Schutz soll kommen von dem, was hier geschildert worden ist als die neue Form des Streites des Michael mit dem Drachen. Was der Mensch an innerer Erkraftung gewinnt, wenn er den Michael-Impuls so aufnimmt, wie es hier geschildert worden ist, das schützt ihn gegen die Nahrung, die der Drache bekommen soll; dann schützt er sich gegen den ungerechtfertigten Fledermausrest innerhalb der Atmosphäre.

Man darf eben nicht zurückschrecken davor, die Wahrheiten aus dem inneren Weltenzusammenhang hervorzuholen, wenn man wirklich in diesen inneren Weltenzusammenhang eindringen will. Denn diejenige Form des Wahrheitssuchers, die heute die allgemein anerkannte ist, die führt eben zu gar nichts Wirklichem, sondern zumeist nur zu etwas nicht einmal Geträumtem, eben zur Maja. Die Wirklichkeit muß durchaus auf dem Gebiete gesucht werden, wo man auch alles physische Dasein durchspielt sieht von geistigem Dasein. Da kann man an die Wirklichkeit nur herandringen, wenn man sie so betrachtet, wie es nun in diesen Vorträgen geschieht.

Zu irgend etwas Gutem oder zu irgend etwas Bösem sind die Wesen vorhanden, die irgendwo vorhanden sind. Alles steht so im Weltenzusammenhang drinnen, daß man erkennen kann, wie es mit den anderen Wesen zusammenhängt. Für den materialistisch Gesinnten flattern die Schmetterlinge, fliegen die Vögel, flattern die Flattertiere, die Fledermäuse. Aber da ist es fast so, wie es manchmal bei einem nicht sehr kunstsinnigen Menschen ist, wenn er sich sein Zimmer voll hängt mit allem möglichen Bilderzeugs, das nicht zusammengehört, das keinen inneren Zusammenhang hat. So hat für den gewöhnlichen Weltenbetrachter das, was da durch die Welt fliegt, auch keinen inneren Zusammenhang, weil er keinen sieht. Aber alles im Kosmos steht an seiner Stelle, weil es von dieser Stelle aus eben einen inneren Zusammenhang mit der Totalität des Kosmos hat. Ob Schmetterling, ob Vogel, ob Fledermaus, alles steht mit irgendeinem Sinn in der Welt darinnen.

Mögen diejenigen, die solches heute verspotten wollen, mögen sie es verspotten. Die Menschen haben sich in bezug auf das Verspotten schon anderes geleistet. Berühmte Akademien haben das Urteil abgegeben: Es kann keine Meteorsteine geben, weil Eisen nicht vom Himmel fallen kann und so weiter. Warum sollen die Menschen nicht auch spotten über die Funktionen der Fledermäuse, von denen ich heute gesprochen habe? Das alles darf aber nicht beirren darin, tatsächlich unsere Zivilisation zu durchziehen mit der Erkenntnis des Geistigen.

Schmetterlingskorona, Erdenevolution und Wiederverkörperung

VORTRAG DORNACH, 28. OKTOBER 1923

Ehe wir nun dazu kommen, die übrigen mit dem Menschen im Erdendasein verbundenen Tier-, Pflanzen-, Mineralwesen zu betrachten, müssen wir heute einen Blick auf die Entwicklung des Menschen selber werfen, uns einiges vor die Seele stellen, das ja aus den verschiedenen Darlegungen, die ich mündlich oder schriftlich gegeben habe, bekannt ist, das aber einmal in einer übersichtlichen Weise hier zusammengestellt werden muß.

Wenn wir uns heute von der äußeren Wissenschaft belehren lassen wollen, dann ist die Sache gewöhnlich so, daß gesagt wird, man müsse untersuchen, wie die höheren, sogenannten höheren Wesenheiten, sagen wir des Pflanzenreiches, dann des Tierreiches, des Menschenreiches sich entwickelt haben aus den leblosen, aus den sogenannten unorganischen Stoffen oder Kräften.

Die wirkliche Anschauung der Evolution ergibt etwas wesentlich anderes. Die ergibt, wie Sie schon aus meiner *Geheimwissenschaft im Umriß* entnehmen können, daß der Mensch, so wie er heute vor uns steht, dasjenige Wesen ist, welches die längste Entwicklung hinter sich hat, dessen Entwicklung zurückgeht bis in die alte Saturnzeit. So daß wir also sagen müssen: Der Mensch ist das älteste Geschöpf innerhalb unserer Erdenentwicklung. Erst während der Sonnenzeit ist die Tierheit dazugekommen, während der Mondenzeit die Pflanzenheit; und das mineralische Reich, wie wir es heute haben, ist eigentlich erst ein Erdenergebnis, ist erst während der Erdenentwicklung dazugekommen.

Nun wollen wir einmal den Menschen in seiner heutigen Gestalt ansehen und uns fragen: Was ist denn entwicklungsgeschichtlich am Menschen selber der älteste Teil? Das ist das menschliche Haupt. Dieses menschliche Haupt hat seine erste Anlage empfangen in der Zeit, als die Erde eben noch in der Saturnmetamorphose war. Allerdings, die Saturnmetamorphose war lediglich aus Wärmesubstanz bestehend, und das menschliche Haupt war eigentlich wallende, webende, wogende Wärme, hat dann luftförmige Form angenommen während der Sonnenzeit, hat flüssige Form angenommen, war also ein flüssig verrinnendes Wesen während der Mondenzeit, und hat die feste Gestalt mit dem Knocheneinschluß erhalten während der Erdenzeit, so daß wir also sagen müssen: Ein Wesen, von dem heute allerdings mit äußeren Erkenntnissen schwer eine Vorstellung zu gewinnen ist, war vorhanden in der alten Saturnzeit, ein Wesen, dessen Nachkomme das menschliche Haupt ist. Gleichzeitig mit dieser Hauptesbildung des Menschen – das können Sie ja aus meinen letzten Darlegungen entnehmen –, mit dieser Hauptesanlage des Menschen sind während der alten Saturnzeit die Anlagen entstanden zu dem Schmetterlingswesen. Wir werden später das andere Insektenwesen noch genauer betrachten; halten wir zunächst an dem Schmetterlingswesen fest. So daß wir die Entwicklung von der alten Saturnzeit bis heute, bis in das Erdendasein verfolgen können und dann sagen müssen: Da bildet sich in einer feinen substantiellen Form der Menschenkopf in seiner Anlage; da bildet sich alles das, was die Luft durchschwirrt als Schmetterlingswesen. – Beide Evolutionen gehen weiter. Der Mensch verinnerlicht sich, so daß er immer mehr und mehr ein Wesen wird, welches die Offenbarung eines Seelischen ausdrückt, das von innen nach außen geht, schematisch etwa so dargestellt [Tafel 5]: ein Wesen, das sich von innen nach außen strahlend entwickelt. Das Schmetterlingswesen dagegen, das ist ein Wesen, an dessen Außenseite der Kosmos, ich möchte sagen, all seine Schönheiten ablädt. Ein Wesen ist der Schmetterling, das gewissermaßen mit seinem Flügelstaub angeflogen bekommen hat alles, was an Schönheit und Majestät im Kosmos in der Art vorhanden ist, wie ich es Ihnen dargestellt habe. Wir müssen also das Schmetterlingswesen uns so vorstellen, daß es gewissermaßen ein Spiegelbild der Schönheiten des oberen Kosmos ist. Während der Mensch in sich aufnimmt, in sich verschließt das, was oberer Kosmos ist, innerlich seelisch wird, seelisch wie die Konzentration des Kosmos, die dann nach außen ausstrahlt und sich im Menschenhaupt die Form gibt, so daß wir im Menschenhaupt etwas von innen nach außen Gebildetes haben, haben wir im Schmetterlingswesen das von außen nach innen Gebildete. Und es ist schon für denjenigen, der diese Dinge sehermäßig betrachtet, so, daß er eigentlich ein Ungeheures lernt, wenn er in der folgenden Art zu Werke geht, wenn er sagt: Ich will die Geheimnisse, die ältesten Geheimnisse, die Saturngeheimnisse des menschlichen Hauptes ergründen, ich will wissen, was da innerhalb der Hirnschale eigentlich für Kräfte gewaltet haben. – Er muß sich hinweisen lassen auf das, was man äußerlich überall sieht, was äußerlich überall einstrahlt, und das Schmetterlingswesen studieren. Um deine eigenen Haupteswunder kennenzulernen, studiere die Wunder, wie der Schmetterling draußen in der Natur wird: Das ist etwa die große Lehre, welche der sehermäßigen Beobachtung der Kosmos gibt.

Schreitet dann die Evolution vor von der Saturnzeit zur Sonnenzeit, dann entsteht ein Wesen, das eine weitere Ausbildung, eine Luftumbildung, eine Luftmetamorphose des Hauptes hat; aber es gliedert sich an in einer feinen Substanz, was dann später zu den Brustgebilden, zu den Atmungs- und Herzgebilden des Menschen wird. Also hier – im Saturn – haben wir noch wesentlich diejenige Metamorphose, welche das menschliche Haupt darstellt. [Tafel 5] Aber das ist natürlich die spätere Form. Kommen wir zur Sonnenzeit herauf, so haben wir den Kopf-Brustmenschen; es gliedert sich an, was nun Brust des Menschen ist. Gleichzeitig aber entsteht schon in der letzten Saturn- und in der ersten Sonnenzeit dasjenige, für das wir nun den Repräsentanten zu sehen haben im Adler. Es entsteht das Vogelgeschlecht in der ersten Sonnenzeit, und es entstehen in der zweiten Sonnenzeit die ersten Anlagen derjenigen Tiergeschlechter, welche eigentliche Brusttiere sind, wie der Löwe zum Beispiel – als Repräsentant der Löwe, aber auch andere Brusttiere. So daß die ersten Anlagen dieser Tiere zurückgehen bis in die alte Sonnenzeit.

Sie sehen daraus, welch ein gewaltiger Unterschied in der Heranbildung selbst der höheren Tiere und des Menschen vorhanden ist. Ich werde schon über die Übergangstiere, zu denen ja auch das Affengeschlecht gehört, in der Zukunft noch sprechen, aber ich will heute nur einen zusammenfassenden Begriff geben. Sie sehen, welch ein gewaltiger Unterschied da besteht zwischen Menschenbildung und höherer Tieresbildung.

Beim Menschen ist das erste, daß sich in der Evolution das Haupt ausbildet. Das übrige werden Anhangsorgane, die sich gewissermaßen an die Hauptesbildung anhängen. Der Mensch wächst in der kosmischen Evolution von seinem Haupte aus nach unten. Der Löwe dagegen ist zum Beispiel während der alten Sonnenzeit, während des zweiten Teiles der alten Sonnenzeit ein Tier, welches zunächst als Brusttier entsteht, als kräftiges Atmungstier mit einem noch sehr kleinen, verkümmerten Kopf. Erst als die Sonne dann in späteren Zeiten von der Erde sich trennt und von außen wirkt, erst dann entsteht aus der Brust heraus der Kopf. Es wächst also der Löwe so, daß er von der Brust nach aufwärts sich entwickelt, der Mensch, indem er vom Kopf nach unten sich entwickelt. Das ist ein gewaltiger Unterschied in der Gesamtevolution.

Indem wir weiterschreiten bis zur Mondenmetamorphose der Erde, da erst braucht der Mensch, weil der Mond die Wassermetamorphose darstellt, weil der Mond wässerig ist, allerdings dann verhornt in der späteren Zeit, von jetzt ab die weitere Fortsetzung nach unten. Es bildet sich die Anlage des Verdauungssystems. Während der alten Sonnenzeit, während man nur lichtdurchwelltes, lichtdurchglänztes Luftiges hat, braucht der Mensch auch zu seiner Ernährung nur einen Atmungsapparat, der nach unten abgeschlossen ist; der Mensch ist Kopf- und Atmungsorgan. Jetzt während der Mondenzeit gliedert er sich das Verdauungssystem an. Damit aber kommt der Mensch also dazu, Kopf, Brust und Unterleib zu werden. Und da alles im Monde noch wäßrige Substanz ist, hat der Mensch während dieser Mondenzeit Auswüchse, die ihn schwimmend durch das Wasser tragen. Von Armen und Beinen kann erst während der Erdenzeit gesprochen werden, wenn die Schwerkraft wirkt und dasjenige herausgestaltet, was sich vor allen Dingen in die Richtungen der Schwerkraft hineinstellt, die Gliedmaßen. Das also gehört erst der Erdenzeit an. Während der Mondenzeit aber bildet sich, noch ganz anders geartet als später, der Verdauungsapparat, so geartet, daß dieser Verdauungsapparat des Menschen noch nicht aufzunehmen braucht alles das, was der Verarbeitung der freien, willkürlichen Beweglichkeit der Glieder dient. Es ist ein wesentlich anderer Verdauungsapparat noch; der metamorphosiert sich später um in den Verdauungsapparat, der der Erdenverdauungsapparat ist. Aber der Mensch gliedert sich während der Mondenzeit den Verdauungsapparat an.

Wiederum ist es so, daß jetzt zu den Nachkommen von Schmetterlingen, Vögeln und von solchen Geschlechtern, von denen der Löwe ein Repräsentant ist, hinzukommen diejenigen Tiere, die vorzugsweise nach der Verdauung hinneigen. Wir haben also da hinzukommend während der Mondenzeit zum Beispiel das, was wir durch die Kuh repräsentiert haben.

Aber wie ist nun im Gegensatze zum Menschen das Wachstum der Kuh? Das ist so, daß die Kuh zunächst während dieser alten Mondenzeit hauptsächlich den Verdauungsapparat ausbildet; dann, nachdem der Mond sich abgetrennt, wachsen aus dem Verdauungsapparat die Brustorgane und der eigentümlich gestaltete Kopf erst heraus. Während der Mensch beim Kopf anfängt sich zu entwickeln, dann daran schließt die Brust, die Brustmetamorphosierungen, dann daran schließt die Verdauungsorgane; während der Löwe mit den Brustorganen anfängt, den Kopf daran schließt, und mit dem Menschen zugleich die Verdauungsorgane bekommt während der Mondenzeit, haben wir bei denjenigen Tieren, deren Repräsentant die Kuh ist, als erste Anlage zunächst die Verdauungsorgane, und dann, aus diesen weiterwachsend, haben wir Brust- und Kopforgane gebildet. Also Sie sehen, der Mensch wächst vom Kopf nach unten, der Löwe von der Brust nach oben und unten; die Kuh wächst von den Verdauungsorganen ganz in die Brust und in den Kopf erst hinein, wächst sozusagen, wenn wir es mit dem Menschen vergleichen, ganz nach aufwärts, wächst gegen Herz und Kopf zu. Das gibt die Anschauung der Entwicklung des Menschen.

Nun entsteht natürlich die Frage: Ist es nur die Kuh, welche da wie ein Genosse sich hinzugesellt zu der Evolution des Menschen? – Das ist nicht bloß so, sondern immer, wenn irgendeine solche planetarische Metamorphose entsteht, dann entwickeln sich die alten Wesen weiter, aber zugleich entstehen neue. Die Kuh entsteht schon während der ersten Mondenmetamorphose. Dann aber kommen andere Tiere dazu, die in der letzten Mondenmetamorphose ihre allererste Anlage bekommen. Die können nicht mehr zum Beispiel den Hinausgang des Mondes mitmachen, weil er schon draußen ist. Die können daher auch nicht mitmachen, was dieser Hinausgang des Mondes bewirkt, daß er gewissermaßen aus dem Bauch der Kuh herauszieht die Herzorgane und die Kopforgane, sondern die später auftretenden Wesen bleiben auf dem Standpunkt stehen, der beim Menschen fixiert ist durch die Verdauung. So daß also Wesen entstehen, die eigentlich nur Verdauungstiere bleiben, die auf der Stufe bleiben, die der Mensch in seinem Unterleibe mit sich trägt.

Geradeso wie der Adler und die Schmetterlinge dem Kopf zugeordnet sind, wie der Löwe der Brust zugeordnet ist, die Kuh dem Unterleib zugeordnet ist, aber, ich möchte sagen als das Tier, das zu gleicher Zeit alles Obere in sich hineinwachsen läßt in der späteren Evolution, so sind Amphibien und Reptilien, also Kröten, Frösche, Schlangen, Eidechsen und so weiter zugeteilt, wenn ich mich des Ausdrucks bedienen darf, nur dem menschlichen Unterleibe, dem menschlichen Verdauungsapparat. Da sind reine Verdauungsapparate als Tiere entstehend.

Schmetterling	Vogel. Löwe	Kuh. Reptilien, Amphibien. Fische
Saturn:	Sonne:	Mond:
Kopf	Kopf–Brust	Kopf–Brust–Unterleib [Tafel 5]

Sie entstehen auch während der zweiten Mondenzeit in einer höchst plumpen Form, sind eigentlich wandelnde Magen und Gedärme, wandelnder Magen und Darmschlauch. Erst später während der Erdenzeit bekommen sie die ja auch noch nicht besonders vornehm aussehenden Kopfteile. Sehen Sie sich die Frösche und Kröten oder die Schlangen an! Sie entstehen eben durchaus in einer Spätzeit als Verdauungstiere, da, wo der Mensch gewissermaßen sich nur noch anhängen kann seine Verdauungsapparate an das, was er früher schon gehabt hat.

In der Erdenzeit, wenn der Mensch sich seine Gliedmaßen ausbildet unter der Schwere und dem Erdmagnetismus, da strecken allerdings auch – meinetwillen nehmen wir die Schildkröte als Repräsentanten – die Schildkröten ihren Kopf heraus über ihren Panzer mehr wie ein Gliedmaßenorgan als einen Kopf. So können wir auch verstehen, wie bei den Amphibien und Reptilien dieser Kopf ungeschlacht gestaltet ist. Er ist eigentlich wirklich so gestaltet, daß man durchaus das Gefühl hat, wie es auch richtig ist: Da kommt man aus dem Mund sogleich in den Magen hinein. Da ist nicht viel Vermittelung.

Wenn man also den Menschen betrachtet und seinem Wesen zuteilt die Tiergenossen, dann muß man demjenigen, was da enthalten ist in den Reptilien und Amphibien, zuteilen die menschliche Verdauungstätigkeit.

Und tatsächlich, man kann sagen: So wie der Mensch die Produkte seiner Verdauung in seinen Gedärmen herumträgt, so trägt der Kosmos auf dem Umweg durch die Erde die Kröten, Schlangen und Frösche gewissermaßen in dem kosmischen Gedärm herum, das er sich bildet in dem wäßrig-irdischen Element der Erde. Dagegen dasjenige, was dann mehr zusammenhängt mit der menschlichen Fortpflanzung, was sich überhaupt erst in der allerletzten Mondenzeit in der allerersten Anlage bildet und erst während der Erdenmetamorphose herauskommt, mit dem sind die Fische verwandt, die Fische und noch niedrigere Tiere. So daß wir die Fische anzusehen haben als Spätlinge der Evolution, als solche Wesen, die sich in der Evolution erst da hinzugesellen zu den anderen Tieren, wenn sich beim Menschen die Fortpflanzungsorgane zu den Verdauungsorganen hinzugesellen. Die Schlange ist im wesentlichen der Vermittler zwischen Fortpflanzungsorgan und Verdauungsorgan. Richtig hineingesehen in die menschliche Natur, was stellt die Schlange dar? Die Schlange stellt nämlich den sogenannten Nierenkanal dar; sie ist in derselben Zeit der Weltenevolution entstanden, in der sich beim Menschen der Nierenkanal ausgebildet hat.

So können wir richtig verfolgen, wie der Mensch, von seinem Haupte angefangen, nach unten wächst, wie ihm die Erde die Gliedmaßen herausholt und in ihren Dienst stellt, daß diese Gliedmaßen sich hineinstellen in das Erdengleichgewicht der Schwere und der magnetischen Kräfte. Und gleichzeitig mit diesem Wachsen nach unten bilden sich die verschiedenen Tierklassen.

Sie sehen, auf diese Weise bekommt man ein wahres Bild der Erdenevolution mit ihren Geschöpfen. Gemäß dieser Evolution haben sich dann diese Geschöpfe so entwickelt, daß sie uns zeigen, was heute ist. Wenn Sie die Schmetterlinge und die Vögel ansehen, so haben sie allerdings irdische Formen; aber Sie wissen aus der früheren Darstellung: Der Schmetterling ist eigentlich ein Lichtwesen, und die irdische Materie ist ihm nur angeflogen. Wenn er selber Ihnen sagen könnte, was er ist, so würde er Ihnen verkündigen, daß er einen Leib aus Licht hat und daß er, wie ich bereits sagte, das, was ihm als Erdenmaterie angeflogen ist, wie ein Gepäck, wie etwas Äußeres an sich trägt. Ebenso ist der Vogel ein warmluftiges Tier, könnte man sagen, denn der wahre Vogel ist die warme Luft, die in dem Vogel ausgebreitet ist; das andere ist sein Gepäck, das er durch die Welt schleppt. Diese Tiere, die also eigentlich heute noch nur mit irdischer Umkleidung, mit Erdenumkleidung, mit Wasserumkleidung sich erhalten haben ihre Lichtes-, ihre Wärmenatur, diese Wesenheiten sind am frühesten in der ganzen Erdenevolution entstanden. Diese Wesenheiten haben auch solche Formen, welche denjenigen, der nun auch hinüberschauen kann in die Zeit, die der Mensch vor seinem Herabstieg in das Erdenleben durchmacht in der geistigen Welt, erinnern an das, was in der geistigen Welt durchgemacht ist. Gewiß, es sind irdische Formen, denn die irdische Materie ist angeflogen. Wenn Sie sich aber richtig vorstellen die schwebenden, webenden Leuchtewesen, die die Schmetterlinge sind, wenn Sie sich wegdenken das, was ihnen vom Irdischen angeflogen ist, wenn Sie sich vom Vogel wegdenken, was ihm vom Irdischen angeflogen ist, wenn Sie sich diese Kraftmasse denken, die den Vogel zum warmen Luftwesen macht, mit dem, was dann sein Gefieder ist, nur als leuchtende Strahlen, wenn Sie sich das denken, dann erinnern diese Wesenheiten, die nur wegen ihrer äußeren Bekleidung so aussehen und auch die Größe, die sie haben, nur eben wegen dieser äußeren Bekleidung haben, denjenigen, der eben auch das Menschenwesen kennt vor seinem Herabstieg auf die Erde, an dieses Menschenwesens Herabstieg auf die Erde. Dann sagt sich derjenige, der so hineinschaut in die geistige Welt: In den Schmetterlingen, in den Vögeln haben wir etwas, was erinnert an jene Geistformen, unter denen der Mensch gelebt hat, bevor er auf die Erde herabgestiegen ist, an die Wesen der höheren Hierarchien. Mit Verständnis Schmetterlinge und Vögel angeschaut, sind sie eine ins Kleine umgesetzte, metamorphosierte Erinnerung derjenigen Formen, die man als Geistformen um sich hatte, als man noch nicht herabgestiegen war in die Erdenentwicklung. Weil die Erdenmaterie schwer ist und überwunden werden muß, so ziehen die Schmetterlinge ihre gigantisch große Gestalt, die sie eigentlich haben, ins Kleine zusammen. Wenn Sie von einem Schmetterlinge absondern könnten alles, was Erdenmaterie ist, so würde er sich allerdings zur Erzengelgestalt als Geistwesen, als Leuchtewesen ausdehnen können. Wir haben schon in denjenigen Tieren, die die Lüfte bewohnen, irdische Abbilder dessen, was in höheren Regionen auf geistgemäße Art vorhanden ist. Daher war es in der instinktiven Hellseherzeit ein selbstverständlich künstlerisches Wirken, aus den Formen der Flugtiere die symbolische Form, die bildliche Form der Geistwesen der höheren Hierarchien zu bilden. Das hat seine innere Begründung. Im Grunde sind die physischen Formen von Schmetterlingen und Vögeln eben die physischen Metamorphosen von Geistwesen. Nicht die Geistwesen haben sich metamorphosiert, aber die metamorphosierten Abbilder davon sind sie; es sind natürlich andere Wesenheiten.

Daher werden Sie es auch verständlich finden, wenn ich, zurückkommend auf etwas, was ich schon ausgesprochen habe, noch einmal das Folgende Ihnen zeichne. Ich sagte Ihnen, der Schmetterling, der eigentlich ein Lichtwesen ist, schickt fortwährend zeit seines Lebens hinaus die durchgeistigte Erdenmaterie in den Kosmos. Ich möchte nun diese durchgeistigte Erdenmaterie, die da in den Kosmos hinausgeschickt wird, mit Anlehnung an einen gebräuchlichen Ausdruck der Sonnenphysik die Schmetterlingskorona nennen. So strahlt die Schmetterlingskorona fortwährend in den Kosmos hinaus. Aber in diese Schmetterlingskorona strahlt ein, was das Vogelgeschlecht jedesmal, wenn der Vogel stirbt, dem Kosmos übergibt, so daß da hineinstrahlt die vergeistigte Materie vom Vogelgeschlecht, hinaus in den Kosmos. Man hat dann von außen, geistig gesehen, den Anblick einer glimmenden Korona [Tafel 6], ausgehend vom Schmetterlingsgeschlecht – nach gewissen Gesetzen erhält sich diese auch im Winter –, und mehr strahlenförmig hineingestellt hat, was von den Vögeln ausfließt.

Sehen Sie, wenn der Mensch sich anschickt, herunterzusteigen aus der geistigen Welt in die physische Welt, da ist es zunächst die Schmetterlingskorona, diese eigentümliche Ausstrahlung von vergeistigter Erdenmaterie, die den Menschen ins irdische Dasein ruft. Und die Strahlen der Vogelkorona, die werden mehr empfunden wie Kräfte, die hereinziehen. Nun sehen Sie noch eine höhere Bedeutung desjenigen, was im Luftkreise lebt. Man muß eben überall in dem, was lebt und webt in der Wirklichkeit, das Geistige suchen. Und sucht man das Geistige, dann kommt man eigentlich erst darauf, was die einzelnen Wesensgebiete für eine Bedeutung haben. Die Erde lockt gewissermaßen den

Menschen zur Wiederverkörperung herein, indem sie die Leuchteausstrahlung der Schmetterlingskorona und die Strahlung der Vogelkorona hinausschickt in den Weltenraum. Das sind die Dinge, die den Menschen, nachdem er eine Zeitlang zugebracht hat in der rein geistigen Welt zwischen dem Tode und einer neuen Geburt, wiederum hereinrufen in das neue Erdendasein. Es ist daher kein Wunder, wenn der Mensch sich schwer enträtseln kann das komplizierte Gefühl, das er mit Recht hat beim Anblick der Schmetterlings- und der Vogelwelt. Denn dasjenige, was da wirklich ist, sitzt tief im Unterbewußtsein. Das, was da wirklich ist, ist die Erinnerung an die Sehnsucht nach neuem Erdendasein.

Und das wiederum hängt zusammen mit dem, was ich Ihnen auch öfter auseinandergesetzt habe, daß der Mensch, nachdem er von der Erde abgegangen ist durch die Pforte des Todes, seinen Kopf eigentlich zerstreut, daß dann sein übriger Organismus, seinen Kräften nach natürlich, nicht seiner Materie nach, umgebildet wird zu dem Kopf des nächsten Erdendaseins. Der Mensch strebt also eigentlich nach dem Kopf, indem er herunterstrebt. Und der Kopf ist das erste, das sich ausbildet am Menschenembryo in einer Gestalt, die schon der späteren Menschengestalt ähnlich ist. Daß das alles so ist, das hängt damit zusammen, daß innig verwandt ist diese Hinbildung nach dem Kopfe mit dem, was wirkt und webt in der fliegenden Welt, durch die der Mensch eigentlich hereingezogen wird aus dem Übersinnlichen in das sinnliche Dasein.

Dann, wenn der Mensch während seiner Embryonalzeit zunächst die Kopfesorganisation bekommen hat, dann bildet sich aus dem Erdendasein heraus, plaziert in dem Leibe der Mutter, dasjenige, was Verdauungsorganismus ist und so weiter. Geradeso wie das, was oben ist, die Kopfbildung, zusammenhängt mit dem Wärmeartigen, mit dem Luftartigen, mit dem Wärme-Lichtartigen, so hängt mit dem irdischfeuchten Element zusammen, was dann eine Nachbildung ist dessen, was dem Menschen später während der Evolution angegliedert ist und was sich jetzt neuerdings angliedert während seiner Embryonalzeit. Dieses irdisch-feuchte Element aber muß für den Menschen erst in einer ganz besonderen Weise zubereitet werden; eben in dem Leib der Mutter. Bildet es sich nur an sich aus draußen im Tellurischen, im Irdischen zerstreut, dann bildet es sich aus zu dem, was die niedrigen Tierformen, die Amphibien und Reptilien, sind, dann bildet es sich aus zu dem, was die Fische und noch niedrigere Tiere sind.

Wenn der Schmetterling eigentlich sich mit Recht als ein Lichtwesen anschaut, der Vogel als ein warmes Luftwesen, so können das die niedrigeren Tiere, die Amphibien, Reptilien und die Fische, nicht. Sehen wir uns zunächst einmal die Fische an. Wie sie heute sind, werden sie im Entstehen draußen überlassen sozusagen der äußeren Bildung, wo auf sie die Kräfte von außen hereinwirken, die auf den Menschen von innen heraus wirken. Der Fisch lebt vorzugsweise im wäßrigen Elemente. Aber das Wasser ist ja nicht nur das, was Wasserstoff und Sauerstoff in ihrer Zusammensetzung für den Chemiker sind, sondern das Wasser ist durchzogen von allen möglichen kosmischen Kräften. Die Sternenkräfte halten auch ihren Einzug in das Wasser, und im Wasser würden keine Fische leben, wenn das Wasser eben nur die gleichartige Zusammensetzung von Wasserstoff und Sauerstoff wäre. Aber geradeso wie der Schmetterling sich als Lichtwesen, wie der Vogel sich als warmes Luftwesen fühlt, so fühlt sich der Fisch eigentlich als

Tafel 1, 26. Oktober 1923

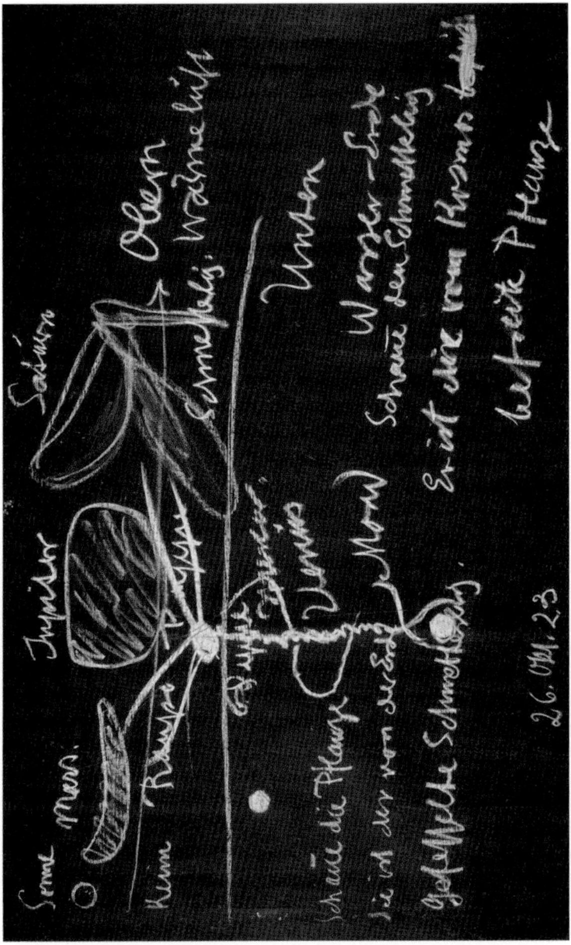

Tafel 2, 26. Oktober 1923

Tafel 3, 27. Oktober 1923

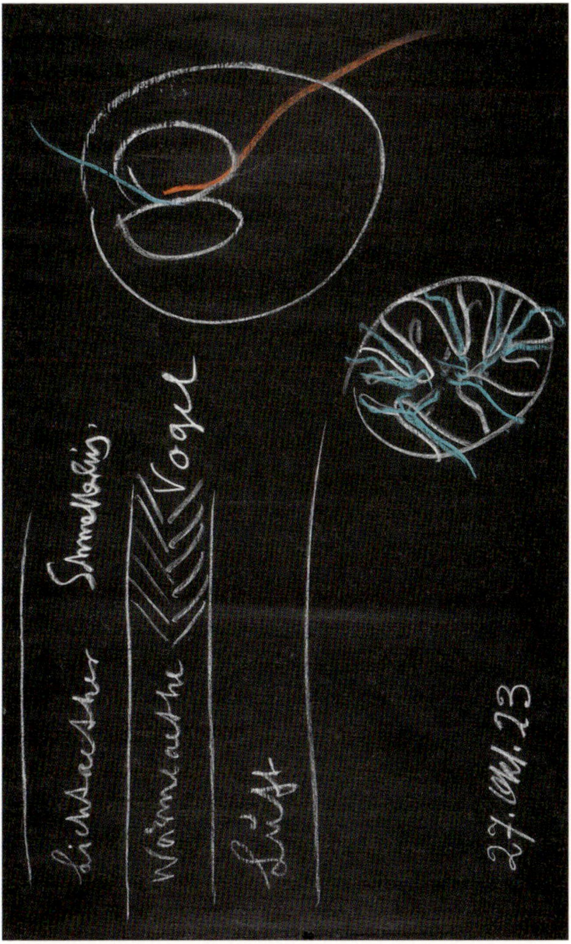

Tafel 4, 27. Oktober 1923

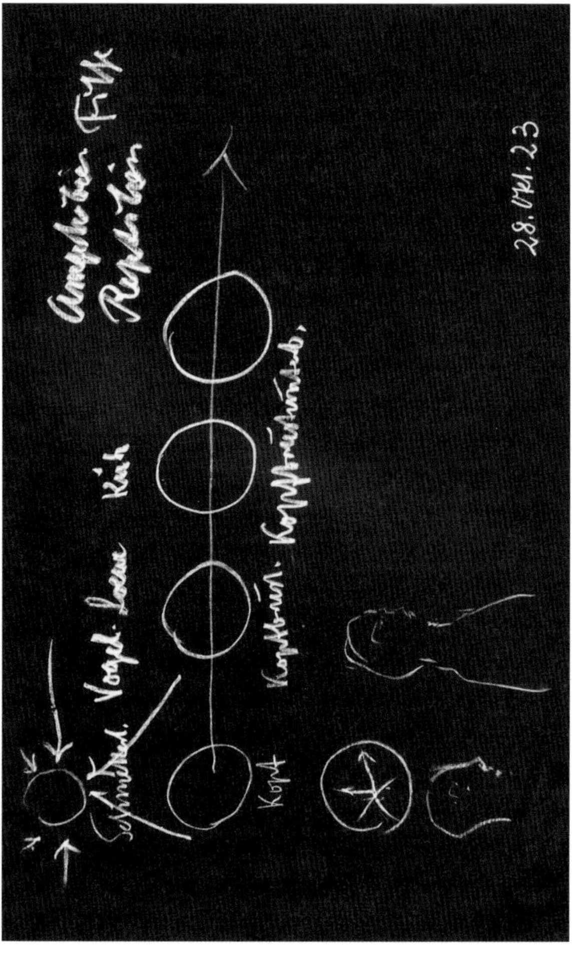

Tafel 5, 28. Oktober 1923

Tafel 6, 28. Oktober 1923

das irdisch-wäßrige Wesen. Das eigentliche Wasser, das er in sich aufsaugt, das fühlt er nicht als sein Wesen.

Der Vogel fühlt die Luft, die er aufsaugt, als sein Wesen. Der Vogel fühlt also eigentlich, schematisch ausgedrückt, das, was als Luft in ihn eindringt, was sich überall ausbreitet, als sein Wesen; diese sich ausbreitende und von ihm erwärmte Luft [Tafel 6, blau], das ist sein Wesen. Der Fisch hat das Wasser in sich, aber der Fisch fühlt sich nicht als das Wasser; der Fisch fühlt sich als das, was das Wasser einschließt, er fühlt sich als die Umgebung des Wassers. Er fühlt sich als diese glitzerige Hülle oder Schale des Wassers. Aber das Wasser fühlt er als ein ihm fremdes Element, das in ihm aus- und eingeht, und indem es aus- und eingeht in ihm, ihm auch zugleich die Luft bringt, die er braucht. Aber Luft und Wasser fühlt er als etwas Fremdes. Er fühlt es zunächst als physischer Fisch als etwas Fremdes. Aber der Fisch hat ja auch seinen Äther- und seinen astralischen Leib. Das ist gerade das Eigentümliche des Fisches: Dadurch, daß er sich eigentlich als die Hülle fühlt, und das Wasser in ihm verbunden bleibt mit dem übrigen wäßrigen Elemente, fühlt er den Äther als dasjenige, in dem er eigentlich lebt. Das Astralische fühlt er dann nicht als das, was zu ihm gehört. Aber der Fisch ist das eigentümliche Tier, das so recht Äthertier ist. Für sich ist er die physische Schale für das Wasser. Das Wasser, das in ihm ist, fühlt er zusammengehörig mit allen Wassern der Welt. Gewissermaßen überall setzt sich ihm die Feuchtigkeit fort. Feuchtigkeit ist ja überall, und in dieser Feuchtigkeit nimmt er zugleich den Äther [Tafel 6, lila] wahr. Die Fische sind allerdings für das irdische Leben stumm, aber wenn sie reden könnten und Ihnen erzählen würden, wie sie sich fühlen, dann würden Ihnen die Fische sagen: Ich bin Schale, aber die Schale trägt ein überall sich ausbreitendes Wasserelement, das der Träger des Ätherelementes ist. In dem Äther schwimme ich eigentlich. – Der Fisch würde sagen: Das Wasser ist nur Maja, die Wirklichkeit ist der Äther, in dem schwimme ich eigentlich. – Also der Fisch fühlt sein Leben als das Leben der Erde. Das ist das Eigentümliche von ihm: Er fühlt sein Leben als das Leben der Erde, und daher nimmt er innig teil an alledem, was im Jahreslauf durchgemacht wird von der Erde: dieses Hinausgehen der Ätherkräfte im Sommer, dieses Zurückziehen der Ätherkräfte im Winter. So daß der Fisch etwas fühlt, was in der ganzen Erde atmet. Den Äther empfindet der Fisch als das Atmende der Erde.

Es hat hier einmal Dr. Wachsmuth von dem Atmen der Erde gesprochen. Das ist eine sehr schöne Auseinandersetzung gewesen. Aus eigener Erfahrung hätte das ein Fisch hier vortragen können, wenn er die Vortragskunst gelernt hätte; denn er empfindet das alles, was da vorgetragen worden ist, aus der Verfolgung der dazugehörigen Erscheinungen. Der Fisch ist dasjenige Tier, das das Atmungsleben der Erde während des Jahreslaufes in einer ganz außerordentlichen Weise mitmacht, weil für den Fisch das, worauf es ihm ankommt, gerade das Äther-Lebenselement ist, das aus und ein wogt und das nur das andere Atmende mitreißt.

Anders ist es bei den Reptilien und bei den Amphibien, bei den Fröschen zum Beispiel, die in dieser Beziehung außerordentlich charakteristisch sind. Die hängen weniger zusammen mit dem Ätherelemente des Kosmos, die hängen mehr zusammen mit dem astralischen Element des Kosmos. Wenn man den Fisch frägt: Wie steht es denn eigentlich mit dir? – dann sagt er: Nun ja, hier auf Erden bin ich ein erdgewordenes Geschöpf, gebildet aus dem irdisch-feuchten Elemente; aber mein eigentliches Leben ist das Leben der ganzen Erde mit ihrer kosmischen Atmung. – Beim Frosch ist es nicht so, beim Frosch ist es wesentlich anders. Der Frosch nimmt teil an der allgemein ausgebreiteten Astralität.

Ich sprach Ihnen ja bei den Pflanzen davon und werde noch weiter davon sprechen, wie die Astralität des Kosmos oben die Blüte berührt. Mit dieser Astralität, gewissermaßen mit dem astralischen Leib der Erde, hängt der Frosch so zusammen wie der Fisch mit dem Ätherleib der Erde. Der Fisch hat mehr seine Astralität für sich. Der Frosch hat eigentlich seinen Ätherleib sehr stark für sich, viel stärker als der Fisch; aber der Frosch lebt in dem allgemein Astralischen; so daß er namentlich jene astralischen Vorgänge miterlebt, die sich im Jahreslaufe abspielen, wo die Erde die Astralität spielen läßt im Verdunsten des Wassers, im Wiederherabkommen des Wassers. Da sagt natürlich der materialistisch denkende Mensch: Das Wasser verdunstet durch diese oder jene aerodynamischen meinetwillen oder aeromechanischen Kräfte; man bekommt den Hinaufstieg. Es formen sich Tropfen; werden die genügend schwer, so fallen sie herab. Aber das ist ja ungefähr ebenso, wie wenn man eine ähnliche Theorie vom Blutlaufe des Menschen aufstellen würde, ohne Rücksicht darauf zu nehmen, daß da alles lebt im Blutlauf. So lebt im Kreislauf des auf- und abwärtsdringenden Wassers die Astralatmosphäre der Erde, die Astralität der Erde. Ich sage Ihnen nicht etwas Fabelhaftes, wenn ich sage: Gerade die Frösche – bei den anderen Amphibien ist das auch vorhanden, aber mehr zurückgetreten – leben dieses astrale Spiel, das sich in den Witterungsverhältnissen, in der Meteorologie auslebt, mit. Nicht nur, daß man sie, wie Sie wissen, in der bekannten einfachen Weise als Wetterpropheten benutzt, weil sie dieses Spiel wunderbar miterleben dadurch, daß sie mit ihrer Astralität hineinversetzt sind in die Astralität der Erde; der Frosch sagt gar nicht, er habe ein Gefühl, sondern der Frosch ist nur ein Träger der Gefühle, die die Erde hat in Regenperioden, in trockenen Perioden und so weiter. Daher haben Sie auch unter gewissen Witterungsverhältnissen die mehr oder weniger schönen oder häßlichen Froschkonzerte. Die sind im wesentlichen der Ausdruck der Frösche für das, was sie im Astralleib der Erde miterleben. Sie quaken wahrhaftig nicht, ohne daß sie Veranlassung dazu haben aus dem ganzen Kosmos heraus; sie leben das Astralische der Erde mit.

So können wir sagen: Was in dem irdisch-feuchten Elemente lebt, das ist tatsächlich so, daß es auch mehr das Irdische miterlebt; die irdischen Lebensverhältnisse also beim Fisch, die irdischen Empfindungsverhältnisse beim Frosch und überhaupt beim Reptilien- und Amphibiengeschlechte. Wiederum, will man alles das studieren, was menschlicher Verdauungsorganismus ist, dann muß man sagen: Dieser Verdauungsorganismus bildet sich allerdings wiederum nach diesem Schema von innen heraus. Aber wer wirklich studieren will, wie die Dinge funktionieren, der muß sich an das Amphibien- und Reptiliengeschlecht wenden, denn dem fliegt von außen an, was der Mensch als Kräfte durch seine Verdauungswerkzeuge durchdrängt. Mit denselben Kräften, mit denen der Mensch verdaut, bildet der äußere Kosmos, die äußere Natur Schlangen, Kröten und Eidechsen und Frösche. Und wer richtig – verzeihen Sie, aber in der Natur ist nichts häßlich, sondern alles muß in objektiver Weise besprochen werden –, wer die innere Natur, sagen wir, des menschlichen Dickdarmes mit seinen Kräften der Absonderung studieren will, der muß die Kröten äußerlich studieren, denn der Kröte fliegt äußerlich dasjenige an, was im menschlichen Dickdarm von innen heraus nach diesem Schema wirkt. Es ist das nicht so schön in der Beschreibung wie das, was ich für die Schmetterlinge zu beschreiben hatte; aber in der Natur muß eben alles in objektiver Gleichheit hingenommen werden.

Sehen Sie, auf diese Art bekommen Sie nun auch ein Bild davon, wie die Erde das kosmische Leben ihrerseits miterlebt. Denn sehen Sie hin auf die gewissermaßen absondernden Organe der Erde: Die Erde sondert nicht nur die geringlebigen menschlichen Absonderungsprodukte ab, sondern sie sondert noch Lebendiges ab, und ihre eigentlichen Absonderungen sind zum Beispiel die Kröten, und in ihnen entledigt sich die Erde dessen, was sie nicht brauchen kann.

Aus alldem sehen Sie, wie das Außen der Natur überall dem Innen entspricht. Wer da sagt: «Ins Innre der Natur dringt kein erschaffner Geist», der weiß nur nicht, daß überall in der Außenwelt dieses Innere der Natur vorhanden ist. Wir können den ganzen Menschen seinem Innenwesen nach studieren, wenn wir das verstehen, was im Kosmos außen webt und lebt. Wir können ihn studieren, diesen Menschen, vom Kopf bis zu den Gliedmaßen, wenn wir studieren, was in der Außenwelt vorhanden ist. Welt und Mensch gehören eben durchaus zusammen. Und man kann schon sagen, ein Schema könnte man aufstellen, das würde so sein [Tafel 6, rechts]: Man hat den großen Umkreis; der große Umkreis konzentriert seine Kraft in einem Punkte. Der große Umkreis schafft sich im Inneren einen kleineren; der Punkt strahlt dasselbe aus. Der kleinere Umkreis bildet wiederum einen weiteren kleineren Umkreis; das, was im Inneren ist, strahlt dasselbe aus. Dieser

Umkreis bildet wiederum einen solchen Umkreis; das, was beim Menschen ist, strahlt weiter nach außen aus: Und das Äußere des Menschen berührt sich mit dem Inneren des Kosmos. Da, wo unsere Sinne mit der Welt zusammenkommen, da berührt sich dasjenige, was bei dem Menschen von innen nach außen gegangen ist, mit dem, was im Kosmos von außen nach innen gegangen ist. In diesem Sinne ist der Mensch eine kleine Welt, ein Mikrokosmos gegenüber dem Makrokosmos. Aber er enthält alle Wunder und Geheimnisse dieses Makrokosmos, nur eben in entgegengesetzter Entwicklungsrichtung.

Es würde für die Erde etwas sehr Widriges sein in bezug auf ihre Fortentwicklung, wenn das nur so wäre, wie ich es bis jetzt dargestellt habe; da würde die Erde die Krötenwesenheiten aussondern, und sie würde eines Tages ebenso wie das physische Menschenwesen zugrunde gehen müssen, ohne Fortsetzung zu haben. Wir haben aber jetzt eigentlich nur den Menschen im Zusammenhang mit den Tieren ins Auge gefaßt, und wir haben in diesen Tagen eine kleine Brücke geschlagen zu den Pflanzenwesen hin. Wir werden weiter in das Reich der Pflanzen eindringen müssen, und dann in das Reich der Mineralwesen, und wir werden sehen, wie die Mineralwesen während der Erdenzeit entstanden sind; wie das, was zum Beispiel die Gesteine unserer Urgebirge sind, Stück für Stück von den Pflanzen abgelagert ist, wie die Kalkgebirge Stück für Stück von den späteren Tieren abgelagert sind. Mineralreich ist Ablagerung des Pflanzen- und Tierreiches, und im wesentlichen Ablagerung der niedersten Tiere. Die Kröten geben noch nicht sehr viel her für das Mineralische der Erde, die Fische auch verhältnismäßig wenig; aber die niederen Tiere und die Pflanzen geben sehr viel her.

Die niederen Wesen mit Kieselpanzern und Kalkpanzern, Kalkschalen, die lagern dasjenige ab, was sie erst aus ihrem Tierischen, aus ihrem Pflanzlichen heraus bilden, und das Mineralische zerfällt dann. Wenn das Mineralische zerfällt, dann bemächtigt sich gerade der Zerfallsprodukte des Mineralischen eine höchste Kraft und baut neue Welten daraus auf. Das Mineralische an einem bestimmten Orte kann eben vor allen Dingen wichtig werden.

Wenn wir die Erdenevolution verfolgen – Wärmemetamorphose, Luftmetamorphose, Wassermetamorphose, mineralische, irdische Metamorphose –: Das menschliche Haupt hat alle diese Metamorphosen mitgemacht, die mineralische Metamorphose zunächst nach außen in dem verfallenden, aber eigentlich noch immer mit etwas Vitalität durchsetzten Kopfskelett. Aber in einer noch viel deutlicheren Weise hat dieses menschliche Haupt die irdische mineralische Metamorphose mitgemacht. Es gibt in der Mitte des menschlichen Hauptes in der Gehirnbildung ein pyramidenartig gebildetes Organ, die Zirbeldrüse. Diese Zirbeldrüse in der Nähe des Vierhügelkörpers und der Sehhügel sondert aus sich den sogenannten Gehirnsand ab, zitronengelbe Steinchen, die wie Häufchen an dem einen Ende der Zirbeldrüse liegen und die wirklich das Mineralische im Menschenhaupte sind. Liegen sie nicht da, trägt der Mensch diesen Gehirnsand, dieses Mineralische nicht in sich, dann wird er ein Idiot oder ein Kretin. Die Zirbeldrüse ist verhältnismäßig groß bei den normalen Menschen. Bei Kretins hat man schon bloß hanfkorngroße Zirbeldrüsen gefunden; die können keinen Gehirnsand absondern.

In diesem mineralischen Einschluß liegt eigentlich der Geistesmensch, da schon andeutend, daß das

Lebendige eigentlich zunächst nicht den Geist beherbergen kann, sondern daß der Geist im Menschen als seinen Mittelpunkt ein Unlebendiges braucht, also vor allen Dingen als selbständiger lebendiger Geist da sein muß.

Es war eine schöne Entwicklung, die uns gebracht hat von der Schmetterlings-Kopfbildung, Vogel-Kopfbildung herunter bis zu Reptilien und Fischen. Wir werden nun wieder aufsteigen, werden das betrachten, was uns ebenso befriedigen kann wie die Tierreihe: die Pflanzenreihe und die Mineralreihe. Und ebenso wie wir Lehren haben ziehen können über die Vergangenheit aus der Tierreihe, so werden wir aus der Mineralreihe Hoffnungen ziehen können für die Erdenzukunft. Dabei werden wir natürlich noch nötig haben, in den nächsten Vorträgen in der mannigfaltigsten Weise auf die Übergangstiere einzugehen, denn ich habe nur die hauptsächlichsten Tiere, die sozusagen an den Knotenpunkten der Entwicklung erscheinen, in dieser Übersicht berühren können.

ANHANG

Der Schmetterling als Bild der unsterblichen Seele

AUS DEM VORTRAG DORNACH, 11. AUGUST 1919

Hier kommen wir auf dasjenige Kapitel, welches dem gegenwärtigen Menschen so schwer verständlich ist, weil er in seinem Gemüte sehr wenig darauf vorbereitet ist, aber welches auch verstanden werden muß, wenn überhaupt von einer sozialen Neugestaltung, von einem sozialen Aufbau im Ernste die Rede sein soll. Verstanden wird werden müssen, daß im sozialen Leben der Zukunft etwas davon abhängt, wovon sich die Menschen gegenseitig unterhalten, was die Menschen ernst nehmen, indem sie gegenseitig ihre Ideen, ihre Empfindungen, ihre Gefühle austauschen. Es ist nicht gleichgültig, was unter den Menschen an Anschauungen lebt, wenn sie soziale Wesen werden wollen. Und notwendig ist es für die Zukunft, daß nicht bloß Begriffe in der allgemeinen Bildung herrschen, welche aus der Naturwissenschaft oder aus der Industrie entnommen sind, sondern daß Begriffe herrschen, welche Grundlagen sein können für etwas Imaginatives. So unwahrscheinlich das dem heutigen Menschen ist, sozialisieren wird man nicht, wenn man nicht zu gleicher Zeit den Menschen beibringt imaginative Begriffe, das heißt Begriffe, welche das Gemüt des Menschen ganz anders gestalten als die bloßen abstrakten Begriffe von Ursache und Wirkung, Kraft und Stoff und Materie und so weiter, die aus dem naturwissenschaftlichen Leben herkommen. Mit diesen Begriffen, die aus dem naturwissenschaftlichen Leben herkommen und von denen heute alles beherrscht ist, sogar die Kunst, mit diesen

Begriffen läßt sich im sozialen Leben der Zukunft nichts anfangen. Wir müssen in die Lage kommen, im sozialen Leben der Zukunft die Welt wiederum in Bildern zu verstehen.

Was damit gemeint ist, habe ich ja schon zu wiederholten Malen angedeutet, auch wiederum mit Bezug auf die Erziehungsfrage. Ich habe mit Bezug auf die Erziehungsfrage folgendes gesagt. Ich habe gesagt, man kann den Kindern, wenn man sich intim mit ihnen beschäftigt, gut beibringen, sagen wir die Idee der Unsterblichkeit der Seele, indem man einfach dem Kinde zeigt eine Schmetterlingspuppe und ihm zeigt, wie die Puppe sich aufbricht und der Schmetterling aus der Puppe ausfliegt; dann macht man dem Kinde klar: Sieh einmal, so wie die Puppe ist, so ist dein Leib, und da drinnen lebt etwas wie ein Schmetterling, nur ist das unsichtbar. Wenn du in den Tod kommst, so fliegt auch bei dir der Schmetterling heraus in die geistige Welt. – Durch solche Vergleiche wirkt man bildlich. Aber es ist nicht bloß notwendig, daß man einen solchen Vergleich ausdenkt; da würde man eben im Sinne der naturwissenschaftlichen Weltanschauung handeln, wenn man ihn ausdenkt. [...]

Das Geheimnis liegt darinnen, daß das Kind nur wirklich ergriffen wird von dem Bilde, wenn man selber daran glaubt. Und dazu soll uns eben wirkliche geisteswissenschaftliche Stimmung wiederum zurückbringen, daß wir in der Natur nicht sehen jene gespenstischen Dinge, von denen uns die Naturwissenschaft spricht, sondern wiederum sehen das Bildliche, das Imaginative. Dasjenige, was aus der Puppe auskriecht und in dem Schmetterling vorliegt, ist wirklich ein von der göttlichen Weltordnung in die Naturordnung hineingestelltes Bild für die Unsterblichkeit der Seele. Und es gäbe den Schmetterling nicht, der aus der Puppe auskriecht, wenn es nicht eine unsterbliche Seele gäbe. Denn es kann nicht ein Bild geben – und das ist ein Bild –, wenn nicht die Wahrheit zugrunde liegt dem Bilde. Und so ist es mit der ganzen Natur. Dasjenige, was die Naturwissenschaft gibt, ist Gespenst. Der Natur selber kommt man nur bei, wenn man weiß, sie ist Bild von etwas anderem.

Metamorphosen

AUS DEM VORTRAG DORNACH, 8. OKTOBER 1923

Nun will ich Ihnen heute etwas über die Schmetterlinge, etwas, was nicht gerade zur Luftschiffahrt gehört, aber Sie aufklären kann über die Luftschifferei, zeigen. Sehen Sie, solch ein Schmetterling ist ja nicht von vornherein da, sondern der kommt ja, wie Sie wissen, auf eine sehr komplizierte Weise zustande. Zunächst gehen wir davon aus, daß der Schmetterling, wenn es gegen den Herbst zu geht, er also reif geworden ist, ein Ei legt. So daß also das erste, wovon der Schmetterling ausgeht, das ist, daß er ein Ei legt. Aus diesem Ei kommt ja nicht wieder ein Schmetterling heraus. Da kriecht nicht wiederum, sagen wir, der Schmetterling Schwalbenschwanz heraus, der so ausschaut; der kriecht nicht da heraus, sondern aus diesem Ei kriecht zunächst dasjenige heraus, was man im Volksmund einen «Wurm» nennt; eine Raupe kriecht heraus. Diese Raupe also kriecht aus dem Ei heraus. Hier hat sie ihren Kopf, hier hinten ist ein Stachel, und die kriecht nun so träg, langsam herum, ist eigentlich äußerlich eine Art von Faulenzer. Aber innerlich ist eine solche Raupe gar keine Faulenzerin, sondern innerlich spinnt sie aus ihrem eigenen Leib heraus Fäden, und aus diesen Fäden macht sie um sich herum eine Hülle. Wenn also das jetzt die Raupe ist, so spinnt diese Raupe aus sich selbst heraus Fäden und macht um sich herum eine Hülle, die hart ist. Die Raupe verschwindet allmählich im Inneren ganz, löst sich auf in diesen Fäden, macht also um sich herum eine Hülle, die sie irgendwie an einen Baumstamm anhängt, anklebt; sie klebt zuerst den Faden an und verschwindet dann in der Hülle. So daß wir haben: das Ei, die Raupe und hier, das nennt man eine Puppe. Und diese Puppe, die bleibt nun eine Zeitlang hängen. Dann kriegt sie irgendwo ein Loch und der Schmetterling kommt heraus. So daß, bevor ein solcher Schmetterling zustande kommt, vier Sachen notwendig sind: also erstens das Ei, zweitens die Raupe, drittens die Puppe und viertens er selbst. Das Ei, das wird irgendwo abgelegt. Die Raupe kriecht dann herum. Die Puppe bleibt ganz fest und der Schmetterling flattert lustig in der Luft herum. Der kann dann wiederum ein Ei legen und die Geschichte geht im Jahreslauf von neuem los. So ist die Sache.

Nun, das schauen sich die Leute an, und das erklären heute die Gelehrten ja so, daß sie einfach beobachten, was sich da durch das Mikroskop oder dergleichen eben beobachten läßt. Aber so einfach ist die Sache nicht. Man muß berücksichtigen, wo das Ei leben kann und wie es lebt, wie die Raupe lebt, wie die Puppe lebt und wie zuletzt der Schmetterling lebt. Das Ei, das braucht vor allen Dingen, wenn es so weit kommen soll, daß die Raupe auskriechen kann, manchmal furchtbar wenig – aber es braucht Feuchtigkeit, in der etwas Salz aufgelöst ist. Kein Ei kann gedeihen, ohne daß es etwas Feuchtigkeit, in der etwas Salz aufgelöst ist, bekommt. Daher muß das Tier, der Schmetterling, diesen Instinkt haben, das Ei irgendwo hinzulegen, wo es Feuchtigkeit bekommen kann, in der etwas Salz enthalten ist. Ohne das geht es also nicht. Es ist das, was ich Ihnen hier für den Schmetterling erzähle, eben geradeso auch für die Biene und so weiter. Es ist für die Biene auch notwendig, daß da, wo die Eier abgelegt werden, etwas durchdringt – wenn es auch wenig ist –, daß Salz hineinkommt. Es beobachten das eben wenige. Es genügt, wenn der Nebel durchgeht; der hat immer etwas Salzfeuchtigkeit. Es kommt einem da die Natur zu Hilfe. Es leuchtet das dem menschlichen Verstand nicht immer ganz ein. Die Natur ist eben viel gescheiter als der Mensch. Aber das Ei muß immer etwas Feuchtigkeit haben, in der etwas Salz drinnen ist. Das ist beim Schmetterling auch so, und dann kriecht also die Raupe heraus. Das Ei braucht also nur diese Feuchtigkeit, in der Salz drinnen ist; es hat keine Augen, es sieht nichts, es lebt im übrigen für sich selbst in einer Welt, die ganz finster ist. In dem Augenblick, wo die Raupe ausgekrochen ist, kommt sie ans Licht heraus, ist also fortwährend im Lichte. Die Raupe hat Sinnesorgane, kommt ans Licht. Jetzt ist es eigentlich ein ganz anderes Wesen geworden, als das Ei es ist. Das Ei hat sich ganz in die Raupe verwandelt. Und daß die Raupe dem Licht ausgesetzt ist, daß sie Sinne hat, das übt einen inneren Eindruck auf die Raupe aus. Solche Dinge kommen bei gewissen Erscheinungen ganz radikal zum Ausdruck. Sie alle haben ja schon diese merkwürdige Erscheinung genossen, daß, wenn Sie irgendwo eine Lampe angezündet haben, allerlei Insekten im Zimmer herumflattern, sich vom Licht der Lampe angezogen fühlen, sich sogar hineinstürzen, so dumm sind, daß sie verbrennen. Woher rührt das? Natürlich kommt das nicht bei dieser Raupe vor, aber der Wille dazu ist bei dieser Raupe auch vorhanden. Die Raupe, die wird nämlich vom Sonnenlicht geradeso, ich möchte sagen, wollüstig angezogen, wie das Insekt, das sich in die Kerzenflamme stürzt; nur kann die Raupe nicht zu der Sonne hinaufkommen. Könnte sie sich vom Boden erheben und hinauffliegen zur Sonne, so würden wir sehr bald gar keine Raupen mehr haben; die würden alle zur Sonne hinauffliegen, alle fortfliegen. Denn das wollen sie, sie sind nur festgehalten von der Schwere der Erde, sie können nicht. So daß, wenn wir eine Raupe anschauen, diese Raupe eigentlich den Willen hat, dem Lichte nachzugehen. Das kann sie nicht. Aber was tut sie?

Denken Sie sich einmal, da ist der Lichtstrahl, da die Raupe. Jetzt spinnt die Raupe, indem sie kriecht, so wie der Lichtstrahl ist, einen Faden. Die Raupe spinnt ganz nach dem Lichtstrahl den Faden, und wenn der Lichtstrahl in der Nacht nicht da ist, da rollt sie den Faden ein und bei Tag spinnt sie in dem Lichtstrahl den Faden wieder weiter, in der Nacht rollt sie ihn wieder ein. Und daraus entsteht die Hülle rundherum. Die Raupe löst sich ganz im Licht auf, stirbt im Licht, wie das Insekt, das der Flamme zugeht, nur daß sie nicht zur Sonne hinaufkommt, in den Lichtstrahl selber hineingeht; aber sie spinnt ihren eigenen Körper in diese Fäden hinein und macht um sich diesen Kokon, wie man ihn nennt, diese Fäden, die da zusammengesponnen werden. Die Seidenraupe spinnt die Seide nach dem Licht. Wenn Sie also aus irgendeiner Seidenraupe Seide nehmen, so können Sie sich getrost sagen: Was ist das? Das ist gesponnenes Licht! – Da ist in der Richtung der Lichtstrahlen hineingesponnen die Erdenmaterie. Und wenn Sie irgendwo eine Puppe sehen, dann ist das so, daß das lauter gesponnenes Sonnenlicht ist, ringsherum Erdenstoff, der dem Sonnenstrahl nachgesponnen ist.

Also so weit sind wir, daß wir jetzt die Puppe haben, ringsherum gesponnenes Licht, und dadurch, daß das gesponnenes Sonnenlicht ist, kommt natürlich etwas anderes zustande, als wenn sich ein Insekt in die Flamme stürzt – da verbrennt es die Flamme der Kerze, kann nichts damit machen. Könnte aber dieses

Insekt in der Schnelligkeit, mit der es sich in die Flamme stürzt, in der Richtung der Flammenstrahlen einen solchen Kokon herumspinnen, so würde aus dem Feuer der Flamme im Inneren ein neues Tier entstehen. Das wird nur durch die Verbrennung verhindert. Es ist interessant, daß man dadurch erfährt, was eigentlich dieses Insekt will, das in der Nacht im Zimmer herumflattert und sich in die Flamme stürzt: Es will sich nämlich fortpflanzen, es will zugrunde gehen, damit es in einer neuen Gestalt wiederkommt. Es täuscht sich nur, weil es nicht so schnell eine Hülle machen kann. Aber die Raupe kann in der Langsamkeit eben diese Hülle machen, hängt diese Hülle auf, und jetzt kann die Kraft der Sonne, die da eingefangen ist, die da eine Gefangene ist, die kann den Schmetterling im Inneren schaffen, und der kann dann als ein Sonnengeschöpf herausfliegen und als ein Sonnengeschöpf sich bewegen.

Sehen Sie, da kommt man darauf, wie eigentlich die Dinge in der Natur sind. Erstens haben Sie in dem, was ich Ihnen gesagt habe, eine ganz wichtige Idee: Das Insekt, das sich in die Flamme stürzt, will sterben, denkt man sich. Nein, das will nicht sterben, sondern es will in anderer Gestalt wiederkommen. Es will durch die Flamme umgestaltet werden. Und so ist der Tod überall: Der Tod ist nichts, was die Wesen vernichtet, sondern wodurch sie, wenn der Tod richtig eingeleitet wird, nur umgestaltet werden. Erstens sieht man das daraus. Zweitens sieht man aber einen gründlichen Zusammenhang, der zwischen allem in der Natur draußen besteht. Sehen Sie, der Schmetterling ist aus dem Licht geschaffen; aber das Licht mußte erst, indem es die Erdenmaterie in sich aufnahm und einen Kokon machte, in der Puppe zum Faden gemacht werden. Alles das, was entsteht an tierischen Wesenheiten, wird aus dem Licht heraus geschaffen. Auch der Mensch wird aus dem Licht heraus geschaffen durch die Vorgänge, die durch die Befruchtung des weiblichen Eikeimes geschehen, und der schützt im Inneren des Menschen, durch eine Hülle, das Licht. Und in Wahrheit ist es das Licht, das den Menschen im Körper der Mutter schafft, das also die Möglichkeit schafft, daß der Mensch aus dem Lichte heraus entstehen kann. So sieht man also am Schmetterling, daß er aus dem Licht heraus, das erst gefangen worden ist, entsteht.

Nun, der Schmetterling, der flattert in vielen Farben herum. Solche Farben sind überhaupt da, wenn man dasjenige, was am meisten vom Lichte beeinflußt werden kann, anschaut. Wenn man also in heiße Gegenden geht, dann sind alle Vögel von wunderbaren Farben, weil da die Sonne die größere Stärke hat. Was tut also das, was da in der Sonne, im gefangenen Licht schafft? Das bringt die Farben hervor, bringt immer Farben hervor. Und so ist es auch beim Schmetterling. Der Schmetterling hat seine Farben durch dasjenige, was das Licht da als ein Gefangener getan hat. Man kann den Schmetterling nur verstehen, wenn man ihn versteht als Schöpfung aus dem ganzen Licht heraus, das ihn in vielen Farben macht.

Aber das kann die Sonne nicht allein. Die Sache ist so: Wenn wir das Ei anschauen, ist das also in der Feuchtigkeit drinnen, in der Salz ist. Salz ist Erde, Feuchtigkeit ist Wasser. So daß wir sagen können: Das Ei muß gedeihen in Erde und etwas Wasser. – Die Raupe kommt schon ans Licht heraus. Die Raupe kann ihrem ganzen Wesen nach nicht bloß gedeihen in Erde und Wasser, also in aufgelöstem Kalk zum Beispiel und Wasser, sondern die Raupe braucht Feuchtigkeit, also Wasser, aber auch Luft, Feuchtigkeit und Luft. Diese Feuchtigkeit und Luft, die die Raupe braucht, die ist nun nicht bloß wie das, was das Ei physisch braucht, sondern in dieser Feuchtigkeit drinnen lebt dasjenige, was man Äther nennt und was ich Ihnen beim Menschen geschildert habe als den Ätherleib. Die Raupe kriegt einen Ätherleib. Und durch den Ätherleib atmet sie. Durch den Ätherleib nimmt sie dasjenige auf, was jetzt schon geistig in der Luft ist. Das Ei ist noch ganz physisch, die Raupe aber lebt schon im Physisch-Ätherischen. Aber das ist schwer für die Raupe, im Physisch-Ätherischen zu leben. Die Raupe hat viel zuviel schwere Erdenmaterie in sich. Bei der Raupe ist es so: Wenn sie ans Licht kommt, so zeigt sich das eben, daß sie dann aus sich heraus die Lichtstrahlen spinnt in Form ihrer Kokonseide. Die Raupe möchte ans Licht, kann aber nicht; sie hat zuviel Schwerekräfte in sich. Sie ist dem nicht gewachsen, dem sie jetzt ausgesetzt ist. Daher will sie selber aufgehen im Licht, sie will sich ins Licht hineinergießen, sie will im Licht weiterleben. Was tut sie? Ja, sie schließt sich gegen die Erde mit den Sonnenstrahlen ab, sie macht einen Kokon um sich herum. Die Raupe schließt sich in der Puppe von den physischen Erdenkräften ganz ab. Und jetzt hat die Puppe im Inneren, wo der «Wurm» verschwunden ist, astralische Kräfte in sich, nicht mehr Erdenkräfte und nicht mehr ätherische Kräfte, sondern astralische, ganz geistige Kräfte in sich, und diese astralischen Kräfte leben im eingefangenen Licht. Das eingefangene Licht hat immer geistige Kräfte, astralische Kräfte in sich. Und diese astralischen Kräfte, die schaffen den Schmetterling. Der kann jetzt, weil er ganz aus astralischen Kräften besteht, in der Luft herumfliegen, was die Raupe nicht kann; der kann dem Lichte folgen. Er folgt nur dem Lichte, er unterliegt nicht mehr der Schwere. Es ist die Schwere dadurch, daß er sich hingegeben hat, ausgeschaltet. So daß man sagen kann: Er ist zum Ich herangereift. – Ein Ich ist es, in dem wir sozusagen den Schmetterling herumflattern sehen. Wir Menschen haben unser Ich in uns. Der Schmetterling hat es außer sich. Das Ich ist eigentlich Licht. Das färbt ihn.

Wenn Sie das bedenken, dann müssen Sie sich etwas klarmachen. Sie alle sagen immer zu sich: Ich. – Was bedeutet das, wenn Sie zu sich Ich sagen? Sehen Sie, jedesmal, wenn Sie zu sich Ich sagen, glänzt in Ihrem Hirn eine kleine Flamme auf, die nur mit gewöhnlichen Augen nicht gesehen werden kann. Das ist Licht. Sage ich zu mir Ich, so rufe ich das Licht in mir auf. Dieses selbe Licht, das den Schmetterling in Farben färbt, das rufe ich in mir auf, wenn ich zu mir Ich sage. Es ist das wirklich außerordentlich interessant, draußen in der Natur zu beobachten, daß man sich sagen kann: Ich sage zu mir Ich; könnte ich dieses Ich ausstrahlen in alle Welt, so wäre es Licht. Ich habe es nur durch meinen Körper eingesperrt, dieses Ich. Könnte ich es ausstrahlen, so könnte ich mit diesem Licht lauter Schmetterlinge erschaffen. – Das Ich des Menschen hat eben die Macht, lauter Schmetterlinge zu schaffen, überhaupt Insekten und so weiter zu schaffen. Sehen Sie, da stellen sich die Menschen vor, daß alles so einfach ist. Aber in älteren Zeiten, wo man solche Sachen gewußt hat, da haben die Menschen auch in dem Sinne gesprochen. Im ganz alten Judentum, da gab es ein Wort: «Jahve», was dasselbe bedeutet wie «Ich». Dieses Wort, in der hebräischen Sprache Jahve, durfte nur der Priester aussprechen, weil der Priester dazu vorbereitet war, sich zu sagen, was das bedeutet. Denn der Priester sah in dem Momente, wo er Jahve aussprach, überall die Bilder von herumfliegenden Schmetterlingen. Und da wußte er: Hat er das Wort Jahve ausgesprochen so, daß er nichts sah, so hat er es nicht mit der inneren richtigen Herzhaftigkeit ausgesprochen. Er stand aber in der richtigen inneren Herzhaftigkeit, wenn er lauter Schmetterlinge sah. Das hat er aber den anderen Leuten nicht beibringen können, denn die wären verrückt geworden darob; darum hat er sich erst vorbereiten müssen. Aber wahr ist es doch.

Ja aber was ist denn das? Denken Sie sich einmal, hier wäre zwischen diesem Pult und dem Punkt, wo ich stehe, eine große Bettdecke mit lauter Flaumfedern drinnen. Die Flaumfedern wären etwas dünn drinnen, und ich stelle mich da hier an und dränge dahin, gehe so dahin, drücke die Flaumfedern zusammen, ich komme nicht ganz bis zu dem Pult hin, sondern muß in der Mitte stehenbleiben, weil ich sie nicht weiter zusammendrücken kann. Ich erreiche das Pult nicht, aber ich verspüre einen Druck, wenn ich mich da anstemme. So wollen Sie das Ich aussprechen, wollen Sie eigentlich lauter Schmetterlinge erzeugen, weil das Ich Licht ist. Aber Sie können das nicht. Statt dessen spüren Sie den Widerstand, wie ich da den Widerstand spüre, wenn ich dem entgegengehe. Und das sind Ihre Gedanken. Darinnen bestehen Ihre Gedanken, daß man nicht lauter Schmetterlinge erschaffen kann durch das Licht. Das Ich denkt Gedanken. Die Gedanken sind eigentlich nur Bilder von der Schmetterlingswelt.

Aus dem Licht heraus geboren

AUS DEM VORTRAG STUTTGART, 15. OKTOBER 1923

Sie sehen, wie ein Schmetterling ein Ei legt, eine Raupe herauskriecht, wie die Raupe sich einspinnt, den Kokon bildet zur Verpuppung, wie aus der Puppe der Schmetterling herausfliegt. Diese Dinge werden beschrieben, aber wie! Ohne ein Bewußtsein jenes wunderbaren Mysteriums, das da eigentlich zugrunde liegt. Der Schmetterling legt das Ei. Bei diesem Ei handelt es sich zunächst darum, daß es in der entsprechenden Jahreszeit gelegt wird, vor allem empfänglich wird für alles, was als Erdiges, als Festes oder Fest-Flüssiges im Naturzusammenhang wirkt. Salziges ist für die Eientwicklung das Allernotwendigste. Und dann kommt jene Zeit, in der außer dem Erdigen das Flüssige und mit dem Flüssigen das Ätherische die Oberhand gewinnt. Flüssiges, das vom Ätherischen durchdrungen wird, geht über in die Bildung der Raupe, die aus dem Ei auskriecht. Wenn wir das Ei haben, denken wir vorzugsweise an die Erde mit dem Physischen. Wenn wir die Raupe auskriechen haben aus dem Ei, ihre Gestalt sehen – das ist dasjenige, was als Ätherdurchdrungenes, Flüssigkeits-, wässeriges Wesen eigentlich aus dem Ei herauszieht und was die Raupe zur Raupe macht. Nun muß die Raupe ihr Wesen an der Luft entwickeln. Da ist das Wichtigste für die Raupe, daß sie nun in Zusammenhang mit dem Licht kommt, so daß sie eigentlich in der vom Licht durchdrungenen Luft lebt, damit aber zugleich eine innere Beziehung zu dem Astralischen erlebt, und mit dieser Beziehung zur Astralität das Licht aufnimmt. Das ist das Wesentliche an der Raupe, daß die Raupe durch ihr Sinnessystem dem Strahl der Sonne, der strahlenden Sonne mit ihrem Licht ausgesetzt ist. Und jetzt tritt bei der Raupe das ein, was Sie am extremsten wahrnehmen, wenn Sie nachts im Zimmer liegen, das Licht noch brennend haben und die Motten dem Lichte zufliegen; da ist dieser Drang, sich aufzugeben, sich hinzugeben, dieser Drang, der an der Motte unerklärlich ist. Wir werden hören, warum. Die Motte stürzt sich in das Licht und verbrennt. Denselben Drang dem strahlenden Licht gegenüber haben die Raupen. Aber die Raupe ist so organisiert, daß sie sich nicht in die Sonne hineinwerfen kann. Die Motte kann sich in das Licht hineinwerfen. Die Raupe hat denselben Drang der Hingabe an das Licht, sie kann das nicht; die Sonne ist ja ziemlich weit. Sie entwickelt diesen Drang, sie geht aus sich heraus, sie geht in das strahlende Licht hinein, sie gibt sich selber hin, sie spinnt aus ihrem Körper die physische Materie in die Sonnenstrahlen hinein. Die Raupe opfert sich in die Sonnenstrahlen hinein, sie will aufgehen, sie will sich vernichten, aber alle Vernichtung ist Geburt. Sie spinnt bei Tag in der Richtung der Sonnenstrahlen an ihrer Hülle, an ihrer Puppenhülle; und wenn sie bei Nacht ruht, da verfestigt sich das wieder, so daß rhythmisch aus Tag und Nacht diese Fäden gesponnen sind. Materialisiertes, gesponnenes Licht sind diese Fäden.

Aus den Fäden, die das Licht gebildet hat, die sie materialisiert, spinnt die Raupe ihre Puppenhülle, sie geht in ihm auf. Das Licht selber ist die Veranlassung, daß die Puppenhülle gesponnen wird. Die Raupe kann sich nicht hineinstürzen, aber sie gibt sich hin, schafft die Kammer, in der das Licht eingeschlossen ist. Von oben herunter wird an der Puppenhülle geschaffen aus den Formgesetzen der Urweisheit; herausgestaltet wird der Schmetterling, nachdem die Raupe zubereitet hat die abgeschlossene Kammer für das Licht. Da haben Sie den ganzen Vorgang vom Schmetterlingsei bis zum farbenschillernden Schmetterling, der aus dem Lichte herausgeboren ist, wie alle Farben aus dem Lichte herausgeboren sind. Der ganze Vorgang ist aus dem Kosmos herausgeboren.

Wird der Vorgang, der sich so in eine Viergliedrigkeit auseinanderlegt, Ei, Raupe, Puppe, Schmetterling, wird der Vorgang irgendwie zusammengeschoben, dann verändert sich das Ganze. Geht der Vorgang im Inneren des Animalischen vor sich, so bleibt das, was zuletzt als Wesen aus dem Licht geschaffen wird. Sehen Sie, hier kommen wir gar nicht anders in das Wesen der Sache hinein, als indem wir den Vorgang künstlerisch vorstellen. Es ist unmöglich, den Vorgang, der sich ergibt, wenn aus dem Puppenkokon heraus sich gestaltet der Schmetterling, aus dem Licht herausgeboren, es ist gar nicht möglich, sich den ganzen Vorgang anders vorzustellen als künstlerisch. Es ist ein wunderbar Künstlerisches, in das man da hineinkommt, wenn man sich den Vorgang wirklichkeitsgemäß, sachgemäß vorstellt. Man versuche nur einmal, was für ein ganz anderes Bewußtsein man bekommt, wenn man in dieser Weise etwas weiß. Ein ganz anderes Bewußtsein ist es, als wenn man in der heutigen äußerlichen Weise etwas weiß, was eigentlich ein Nichtwissen ist. Wenn man mit seinem ganzen Seelisch-Leiblichen zusammenwächst mit dem künstlerischen Schaffen des Kosmos, dann wird jedes einzelne interessant.

Gewobenes Sonnenlicht

AUS DEM VORTRAG DORNACH, 19. OKTOBER 1923

Beachten Sie einmal jene Metamorphose, die durchgemacht wird von dem Tiere, das dann ein Schmetterling wird.

Sie wissen, der Schmetterling legt sein Ei. Aus dem Ei kommt die Raupe heraus. Die Raupe also ist aus dem Ei herausgekommen; das Ei enthält ringsum geschlossen alles dasjenige, was Anlage des späteren Tieres ist. Nun kommt die Raupe aus dem Ei. Sie kommt an die lichtdurchflossene Luft. Das ist die Umgebung, in die sie hineinkommt, die Raupe. Da müssen Sie eben ins Auge fassen, wie eigentlich diese Raupe nun in der sonnendurchleuchteten Luft lebt. Das müssen Sie dann studieren, wenn Sie, sagen wir, des Nachts im Bette liegen, die Lampe angezündet haben und eine Motte nach der Lampe fliegt, dem Lichte zufliegt und den Tod findet im Lichte. Dieses Licht wirkt auf die Motte so, daß sie sich unterwirft dem Tod-Suchen. Damit haben wir schon die Wirkung des Lichtes auf das Lebendige.

Nun, die Raupe – ich deute diese Dinge nur aphoristisch an, wir werden sie morgen und übermorgen etwas genauer betrachten – kann nicht zur Lichtquelle hinauf, um sich hineinzustürzen, zur Sonne nämlich, aber sie möchte es; sie möchte es ebenso stark, wie es die Motte will, die sich in die Flamme neben Ihrem Bette wirft und darinnen umkommt. Die Motte wirft sich in die Flamme und findet den Tod im physischen Feuer. Die Raupe sucht ebenso die Flamme, jene Flamme, die ihr entgegenkommt von der Sonne. Aber sie kann sich nicht in die Sonne werfen; der Übergang ins Licht und in die Wärme bleibt bei ihr etwas Geistiges. Die ganze Sonnenwirkung geht auf sie über als eine geistige. Sie verfolgt jeden Sonnenstrahl, diese Raupe, sie geht bei Tag mit dem Sonnenstrahl mit. Geradeso wie sich die Motte einmal ins Licht stürzt und ihre ganze Mottenmaterie hingibt dem Lichte, so webt die Raupe ihre Raupenmaterie langsam in das Licht hinein, setzt bei Nacht ab, webt bei Tag weiter und spinnt und webt um sich herum den ganzen Kokon. Und im Kokon, in den Kokonfäden haben wir darinnen dasjenige, was aus ihrer eigenen Materie die Raupe, indem sie fortspinnt im strömenden Sonnenlicht, aus sich heraus webt. Jetzt hat die Raupe, die zur Puppe geworden ist, sich die Sonnenstrahlen, die sie nur verkörperlicht hat, aus ihrer eigenen Raupensubstanz um sich herumgewoben. Die Motte verbrennt schnell im physischen Feuer. Die Raupe stürzt sich hinein, sich opfernd, in das Sonnenlicht und webt um sich in der Richtung des jeweiligen Sonnenlichts, das sie verfolgt, die Fäden des Sonnenlichts. Wenn Sie den Kokon des Seidenspinners nehmen und sehen ihn an: Das ist gewobenes Sonnenlicht, nur daß das Sonnenlicht verkörpert ist durch die Substanz der seidenspinnenden Raupe selber. Damit aber ist der Raum innerlich abgeschlossen. Das äußere Sonnenlicht ist überwunden gewissermaßen. Aber dasjenige, was vom Sonnenlichte, wie ich Ihnen gesagt habe, in die Kromlechs hineingeht – ich habe es Ihnen bei den Auseinandersetzungen über die Druidenmysterien gesagt –, das ist jetzt da innerlich. Und jetzt hat die Sonne, während sie früher die physische Gewalt ausübte und die Raupe zum Spinnen ihres eigenen Kokons veranlaßte, Gewalt über das Innerliche, schafft aus dem Innerlichen heraus den Schmetterling, der nun auskriecht. Und der Kreislauf beginnt von neuem. Sie haben auseinandergelegt vor sich dasjenige, was im Vogelei zusammengeschoben ist.

Vergleichen Sie mit diesem ganzen Vorgang den Vorgang beim eierlegenden Vogel. Da wird innerhalb des Vogels selber noch durch einen Vorgang, der metamorphosiert ist, die Kalkschale herum gebildet. Da wird die Substanz des Kalkes von den Kräften des Sonnenlichtes verwendet, um eben den ganzen Prozeß desjenigen zusammenzuschieben, was hier auseinandergelegt ist in Ei, Raupe, Kokon. Das alles ist zusammengeschoben da, wo sich, wie zum Beispiel im Vogelei, direkt die harte Schale ringsherum bildet. Da, durch dieses Zusammenschieben eines auseinandergelegten Prozesses, ist der ganze Embryonalvorgang beim Vogel eben ein anderer. Beim Schmetterling haben Sie auseinandergelegt, was beim Vogel sich vollzieht bis hierher, bis zum dritten Stadium; das haben Sie auseinandergelegt beim Schmetterling in die Eibildung, Raupenbildung, Puppenbildung, Kokonbildung. Da können Sie es äußerlich anschauen. Und dann schlüpft der Schmetterling aus.

Wenn man jetzt den ganzen Vorgang astralisch verfolgt, was sieht man dann? Ja, dann stellt der Vogel in seiner ganzen Bildung einen menschlichen Kopf dar. Das Organ der Gedankenbildung stellt er dar. Was stellt der Schmetterling dar, der auch in den Lüften wohnt, aber in seiner Embryonalbildung etwas ungeheuer Komplizierteres ist? Man kommt darauf, daß der Schmetterling dasjenige darstellt, was sozusagen die Kopffunktion in ihrer Fortsetzung zeigt, die Kräfte des Kopfes gewissermaßen ausgedehnt auf den ganzen Menschen. Da geschieht dann etwas im ganzen Menschen, was einem anderen Vorgang in der Natur als der Vogelbildung entspricht.

Im menschlichen Haupte haben wir, wenn wir das Ätherische und Astralische dazunehmen, etwas sehr Ähnliches wie in der Eibildung, nur metamorphosiert. Aber wenn wir bloß die Funktion des Kopfes hätten, würden wir nur augenblickliche Gedanken bilden. Es würden sich nicht die Gedanken mehr in uns hinuntersetzen, den ganzen Menschen in Anspruch nehmen und dann als Erinnerungen wieder auftauchen. Schaue ich meine augenblicklichen Gedanken an, die ich mir an der Außenwelt bilde, und schaue zum Adler auf, dann sage ich: In dem Gefieder des Adlers sehe ich außer mir die verkörperten Gedanken; in mir werden es Gedanken, aber es werden die augenblicklichen Gedanken. Sehe ich auf dasjenige, was ich in mir trage als meine Erinnerungen, so geht ein komplizierterer Prozeß vor sich. Unten im physischen Leib geschieht, auf eine allerdings geistige Art, eine Art Eibildung, die allerdings etwas ganz anderes ist im Ätherischen, etwas, was äußerlich physisch der Raupenbildung ähnlich ist, im astralischen Leib, was innerlich ähnlich ist der Puppenbildung, der Kokonbildung; und dasjenige, was, wenn ich eine Wahrnehmung habe, in mir einen Gedanken auslöst, hinunterschiebt, das ist so, wie wenn der Schmetterling ein Ei legt. Die Umwandlung ist etwas Ähnliches wie das, was mit der Raupe vor sich geht: Das Leben im Ätherleib opfert sich hin dem geistigen Lichte, umwebt gewissermaßen den Gedanken mit innerem, astralem Kokongewebe, und da schlüpfen die Erinnerungen aus. Wenn wir das Vogelgefieder sehen in den augenblicklichen Gedanken, so müssen wir den Schmetterlingsflügel, den in Farben schillernden Schmetterlingsflügel, auf geistige Art zustande gekommen sehen in unseren Erinnerungsgedanken.

So blicken wir hinaus und fühlen die Natur ungeheuer verwandt mit uns. So denken wir und sehen die

Welt des Gedankens in den fliegenden Vögeln. Und so erinnern wir uns, so haben wir ein Gedächtnis, und sehen die Welt der in uns lebenden Erinnerungsbilder in den im Sonnenlichte schimmernd flatternden Schmetterlingen. Ja, der Mensch ist ein Mikrokosmos und enthält die Geheimnisse der großen Welt draußen. Und es ist so, daß wir gewissermaßen dasjenige, was wir von innen anschauen, unsere Gedanken, unsere Gefühle, unseren Willen, unsere Erinnerungsvorstellungen, daß wir das, wenn wir es von der anderen Seite, von außen, makrokosmisch ansehen, in dem Reiche der Natur wiedererkennen.

Notizbucheintragungen Rudolf Steiners zu den Vorträgen 26.–28. Oktober 1923

Die Aufzeichnungen sind dem Notizbuch 86 entnommen. Soweit sie nicht von Rudolf Steiner selbst datiert sind, ist das Datum des Vortrages, zu dem sie mutmaßlich gehören, in eckige Klammern gesetzt. Von Rudolf Steiner unterstrichene Worte sind *kursiv* wiedergegeben.

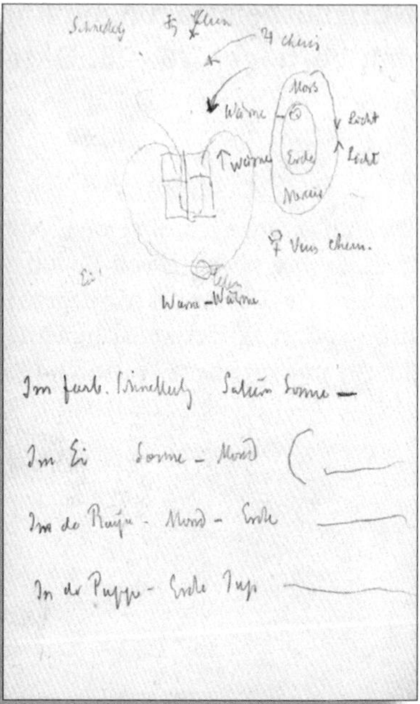

[ZUM VORTRAG VOM 26. OKTOBER 1923]

Im farb[igen] Schmetterling   Saturn Sonne –
Im Ei   Sonne – Mond –
In der Raupe   Mond – Erde –
In der Puppe   Erde Jupiter –

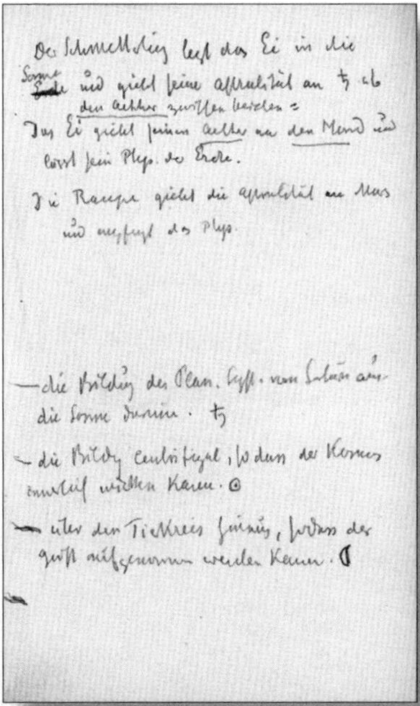

Der Schmetterling legt das Ei in die Sonne und gibt seine Astralität an ♄ ab
den Äther zwischen beiden =
Das Ei gibt seinen *Äther* an *den Mond* und läßt sein Phys[isches] der Erde.
Die Raupe gibt die Astralität an Mars und empfängt das Phys[ische].

– die Bildung des Plan[eten]-Syst[ems] von Saturn aus – die Sonne darin. ♄
– die Bild[un]g zentrifugal, so daß der Kosmos innerlich wirken kann. ☉
– über den Tierkreis hinaus, sodaß der Geist aufgenommen werden kann. ☾

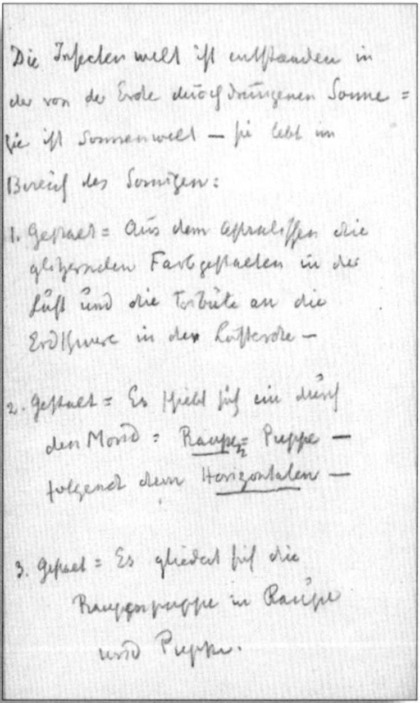

Die Insektenwelt ist entstanden in der von der Erde durchdrungenen Sonne = sie ist Sonnenwelt – sie lebt im Bereich des Sonnigen:

1. Gestalt = Aus dem Astralischen die glitzernden Farbgestalten in der Luft und die Tribute an die Erdschwere in der Lufterde –

2. Gestalt = Es schiebt sich ein durch den Mond = *Raupen*-Puppe – – folgend dem *Horizontalen* –

3. Gestalt = Es gliedert sich die Raupenpuppe in Raupe und Puppe.

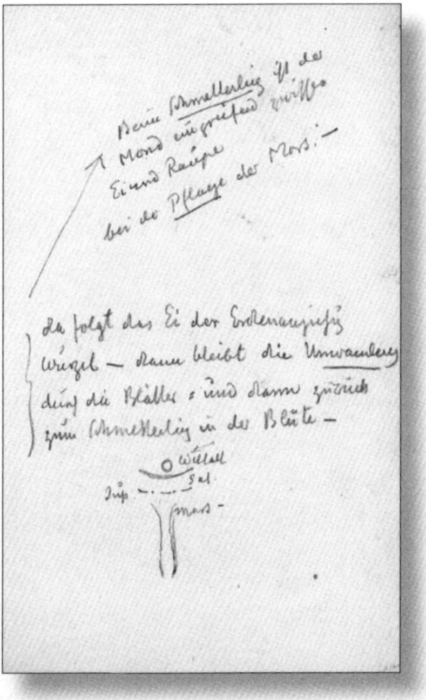

Beim *Schmetterling* ist der Mond eingreifend zwischen Ei und Raupe
bei der *Pflanze* der Mars. –

da folgt das Ei der Erdanziehung
Wurzel – dann bleibt die *Umwandlung* durch die Blätter = und dann zurück zum Schmetterling in der Blüte –

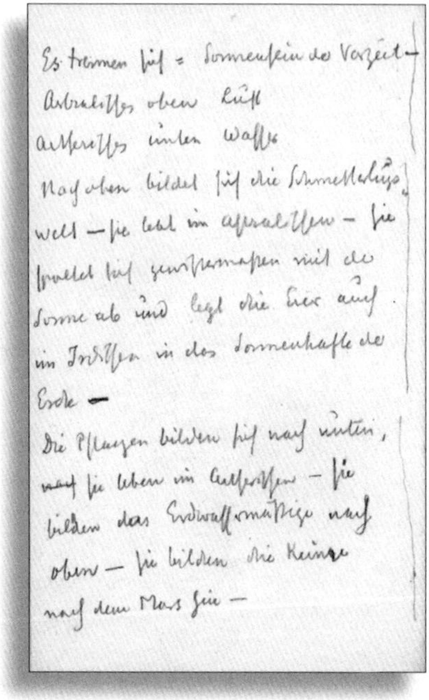

Es trennen sich = Sonnensein der Vorzeit –
Astralisches oben Luft
Ätherisches unten Wasser
Nach oben bildet sich die Schmetterlingswelt – sie lebt im Astralischen – sie spaltet sich gewissermaßen mit der Sonne ab und legt die Eier auch im Irdischen in das Sonnenhafte der Erde –
Die Pflanzen bilden sich nach unten, sie leben im Ätherischen – sie bilden das Erdwassermäßige nach oben – sie bilden die Keime nach dem Mars hin –

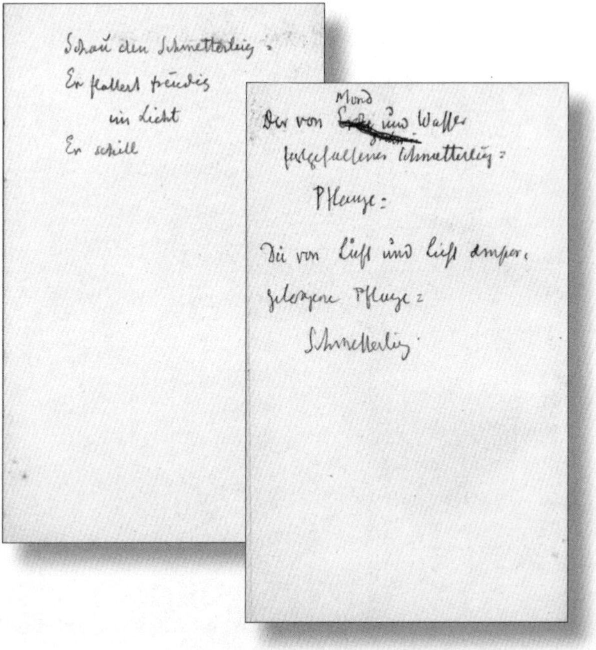

[ZUM VORTRAG VOM 27. OKTOBER 1923]

Schau den Schmetterling =
Er flattert freudig
im Licht
Er schill

Der von Mond und Wasser festgehaltene Schmetterling =
Pflanze:

Die von Luft und Licht emporgetragene Pflanze =
Schmetterling.

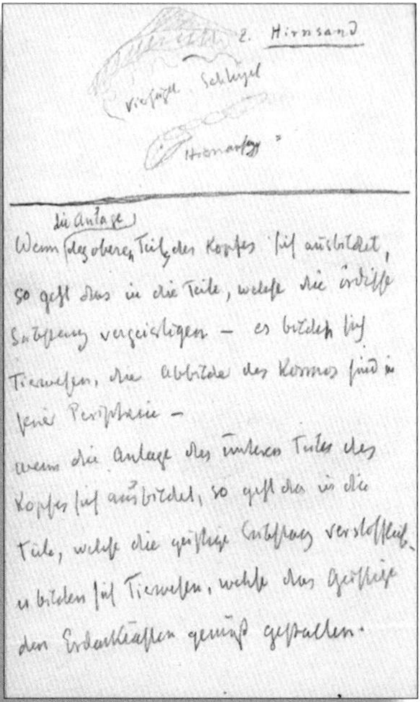

Wenn die Anlage des oberen Teiles des Kopfes sich ausbildet, so geht das in die Teile, welche die irdische Substanz vergeistigen – es bilden sich Tierwesen, die Abbilder des Kosmos sind in seiner Peripherie –
Wenn die Anlage des unteren Teiles des Kopfes sich ausbildet, so geht das in die Teile, welche die geistige Substanz verstofflichen – es bilden sich Tierwesen, welche das Geistige den Erdenkräften gemäß gestalten.

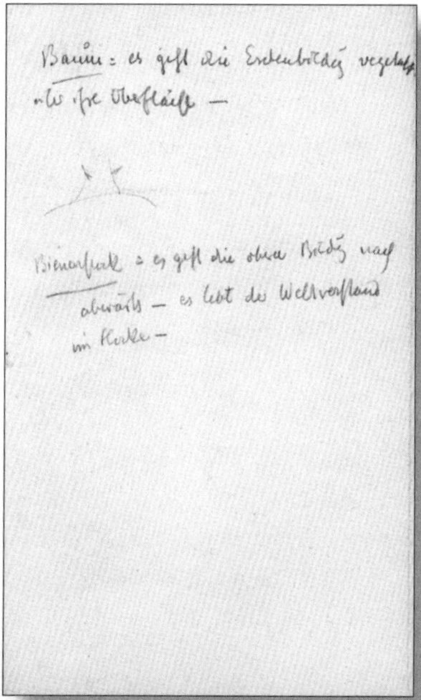

Baum = es geht die Erdenbildung vegetabil[isch] über ihre Oberfläche –

Bienenstock = es geht die obere Bildung nach abwärts – es lebt der Weltverstand im Stocke –

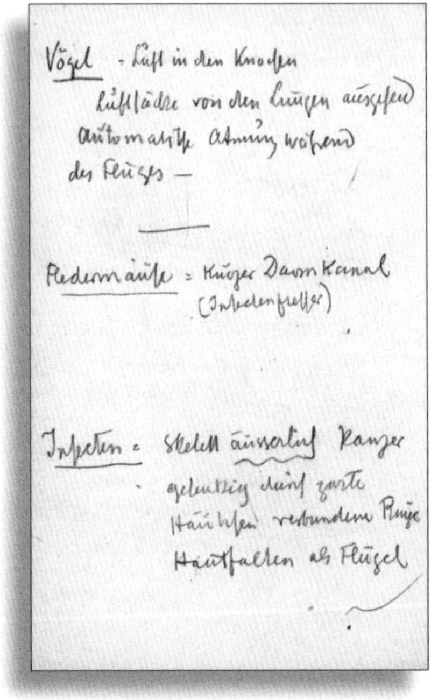

Vögel = Luft in den Knochen. Luftsäcke von den Lungen ausgehend. Automatische Atmung während des Fluges –

———

Fledermäuse = kurzer Darmkanal (Insektenfresser)

Insekten = Skelett *äußerlich* Panzer, gelenkig, durch zarte Häutchen verbundene Ringe, Hautfalten als Flügel

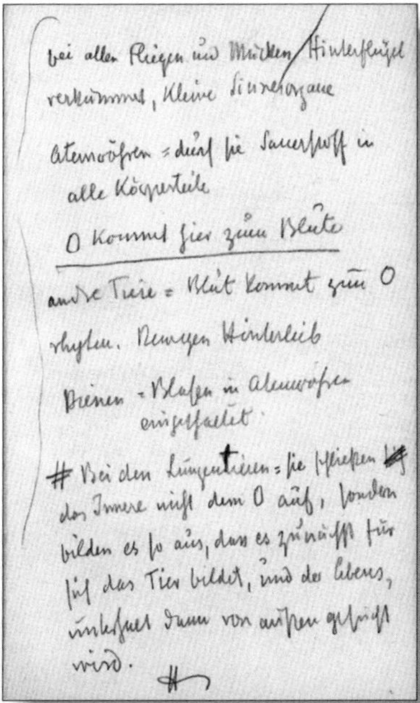

bei allen Fliegen und Mücken Hinterflügel verkümmert, kleine Sinnesorgane
Atemröhren = durch sie Sauerstoff in alle Körperteile

O kommt hier zum Blute
andre Tiere = Blut kommt zum O
rhythm[isches] Bewegen Hinterleib
Bienen = Blasen in Atemröhren eingeschaltet.
Bei den Lungentieren = sie schließen das Innere nicht dem O auf, sondern bilden es so aus, daß es zunächst für sich das Tier bildet, und der Lebensunterhalt dann von außen gesucht wird.

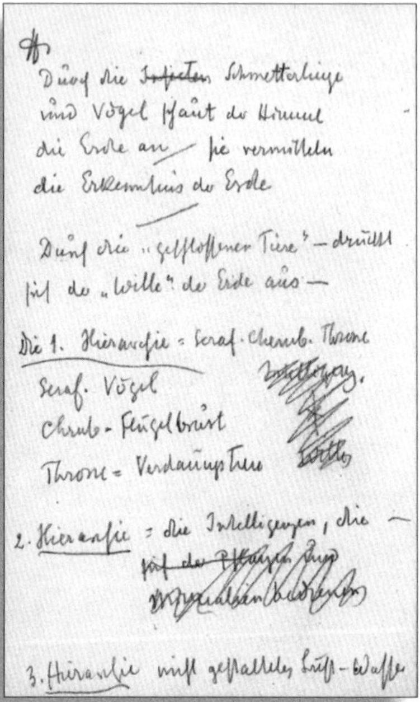

Durch die Schmetterlinge und Vögel schaut der Himmel die Erde an — sie vermitteln die Erkenntnis der Erde

——

Durch die «geschlossenen Tiere» – drückt sich der «Wille» der Erde aus –

Die 1. Hierarchie = Sera[phim] Cherub[im] Throne
Sera[phim] = Vögel
Cherub[im] = Flügelbrust
Throne = Verdauungstiere

2. Hierarchie = die Intelligenzen, die sich der Tiere bedienen –
Kyriotetes = die oberen Tiere
Dynamis = mittl[ere] Tiere
Exusiai = die unteren Tiere.

3. Hierarchie nicht gestaltete Luft – Wasser –

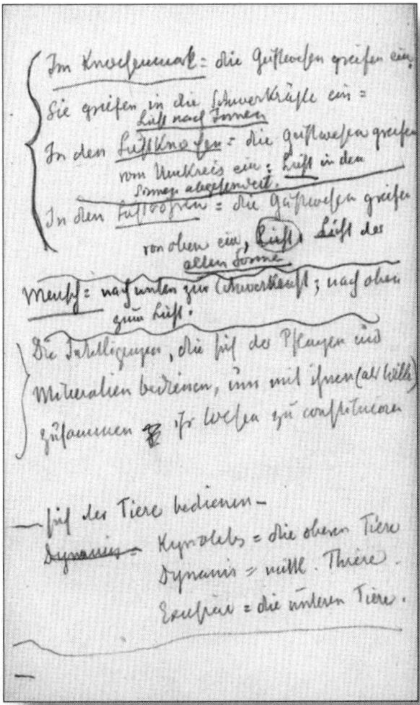

Im *Knochenmark* = die Geistwesen greifen ein.

Sie greifen in die Schwerkräfte ein = *Licht nach Innen*
In den *Luftknochen* = die Geistwesen greifen vom Umkreis ein: *Licht* in den Sinnen abgesondert.

In den *Luftröhren* = die Geistwesen greifen von oben ein, Licht, *Licht der alten Sonne*

Mensch = nach unten zur Schwerkraft; nach oben zum Licht.

Die Intelligenzen, die sich der Pflanzen und Mineralien bedienen, um mit ihnen (als Wille) zusammen ihr Wesen zu konstituieren

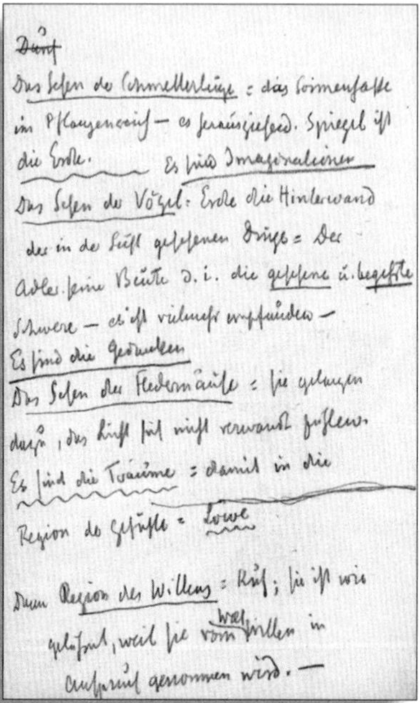

Das Sehen der Schmetterlinge = das Sonnenhafte im Pflanzenreich – es herausziehend. Spiegel ist *die Erde*.

Es sind Imaginationen
Das Sehen der Vögel = Erde die Hinterwand der in der Luft gesehenen Dinge = Der Adler seine Beute d. i. die *gesehene* u. *begehrte* Schwere – es ist vielmehr empfunden –

Es sind die Gedanken
Das Sehen der Fledermäuse = sie gelangen dazu, das Licht sich nicht verwandt fühlen.
Es sind die Träume = damit in die Region der Gefühle = *Löwe*

Dann *Region des Willens* = Kuh; sie ist wie gelähmt, weil sie vom Weltwillen in Anspruch genommen wird. –

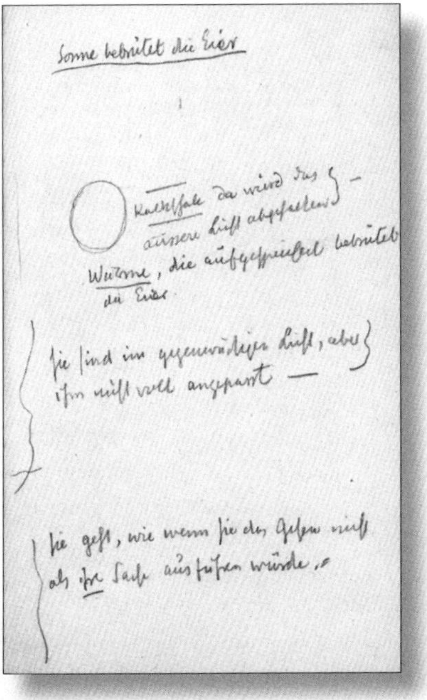

Sonne bebrütet die Eier

Kalkschale da wird das äußere Licht abgehalten –
Wärme, die aufgespeichert bebrütet die Eier.

sie sind im gegenwärtigen Licht, aber ihm nicht voll angepaßt –

sie geht, wie wenn sie das Gehen nicht als *ihre* Sache ausführen würde. =

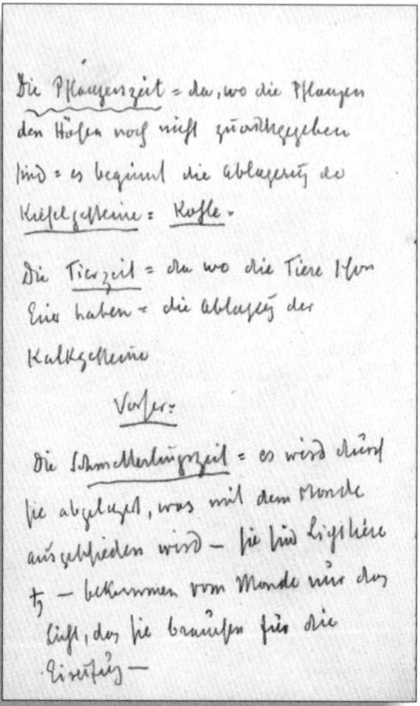

Die Pflanzenzeit = da, wo die Pflanzen den Höhen noch nicht zurückgegeben sind = es beginnt die Ablagerung der *Kieselgesteine* = *Kohle* =

Die *Tierzeit* = da wo die Tiere schon Eier haben = die Ablagerung der Kalkgesteine

Vorher:

Die *Schmetterlingszeit* = es wird durch sie abgelagert, was mit dem Monde ausgeschieden wird – sie sind Lichttiere ♄ – bekommen vom Monde nur das Licht, das sie brauchen für die Eireifung –

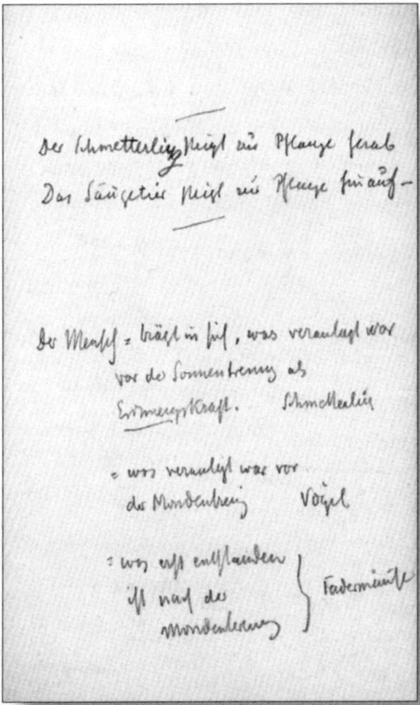

Der Schmetterling steigt zur Pflanze herab
Das Säugetier steigt zur Pflanze hinauf –

Der Mensch = trägt in sich, was veranlagt war vor der Sonnentrennung als *Erinnerungskraft*	Schmetterling
= was veranlagt war vor der Mondentrennung	Vögel
= was erst entstanden ist nach der Mondentrennung	Fledermäuse

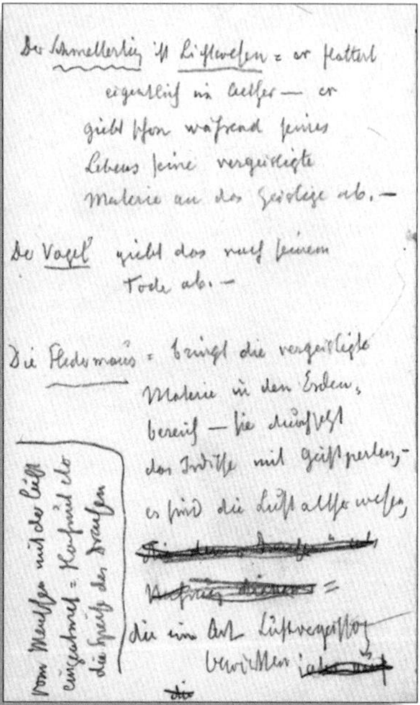

Der *Schmetterling* ist *Lichtwesen* = er flattert eigentlich im Äther – er gibt schon während seines Lebens seine vergeistigte Materie an das Geistige ab. –

Der *Vogel* gibt das nach seinem Tode ab. –

Die *Fledermaus* = bringt die vergeistigte Materie in den Erdenbereich – sie durchsetzt das Irdische mit Geistperlen, – es sind die Luftätherwesen, die eine Art Luftvergeistigung bewirken

Vom Menschen mit der Luft eingeatmet = Hochmut etc. die Speise des Drachen

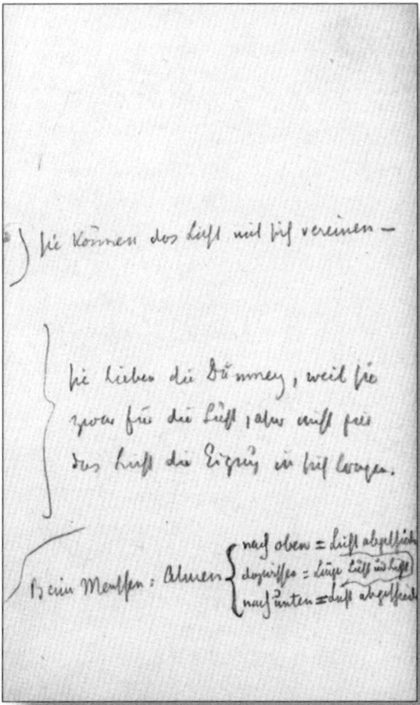

sie können das Licht mit sich vereinen –

sie lieben die Dämmerung, weil sie zwar für die Luft, aber nicht für das Licht die Eignung in sich tragen.

Beim Menschen = Atmen { nach oben = Licht abgeschieden
dazwischen = Lunge, Luft und Licht
nach unten = Luft abgeschieden

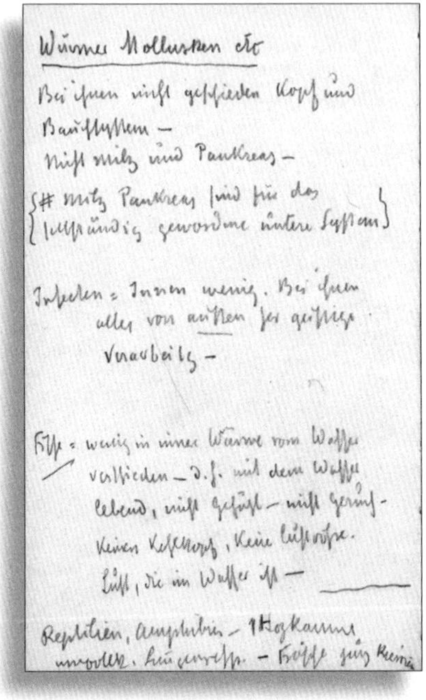

[ZUM VORTRAG VOM 28. OKTOBER 1923]

Würmer Mollusken etc.
Bei ihnen nicht geschieden Kopf und Bauchsystem –
Nicht Milz und Pankreas –
Milz Pankreas sind für das selbständig gewordene untere System

Insekten = Innen wenig. Bei ihnen alles von *außen* her geistige Verarbeitung –

Fische = wenig in innerer Wärme vom Wasser verschieden – d. h. mit dem Wasser lebend, nicht Gefühl – nicht Geruch – keinen Kehlkopf, keine Luftröhre. Luft, die im Wasser ist –

Reptilien, Amphibien – 1 Herzkammer
unvollk[ommene] Lungenresp[iration] – Frösche jung Kiemen

Diese Folgeseite im Notizbuch von Rudolf Steiner bezieht sich nicht auf das Schmetterlingsthema. Die Notizbuchseite wird deshalb hier nicht abgebildet.

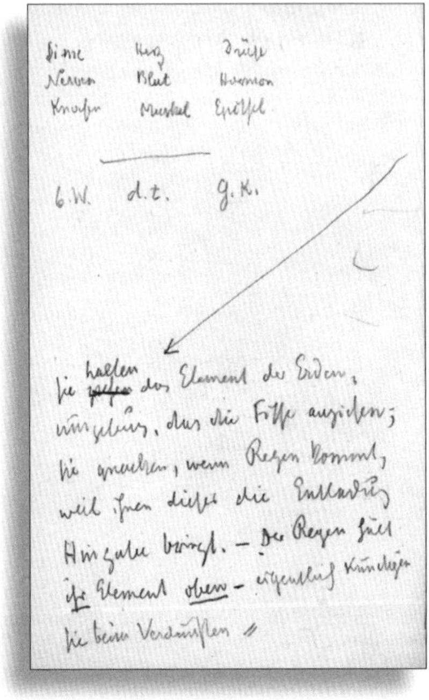

Sinne	Herz	Drüse
Nerven	Blut	Hormon
Knochen	Muskel	Epithel

Sie halten das Element der Erdenumgebung, das die Fische anziehen; sie quaken, wenn Regen kommt, weil ihnen dieser die Entladung Hingabe bringt. – Der Regen hält *ihr* Element *oben* – eigentlich kündigen sie beim Verdunsten =

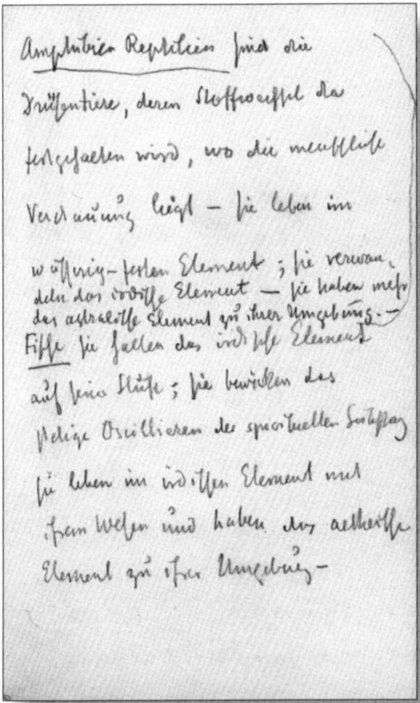

Amphibien Reptilien sind die Drüsentiere, deren Stoffwechsel da festgehalten wird, wo die menschliche Verdauung liegt – sie leben im wässerig-festen Element; sie verwandeln das irdische Element – sie haben mehr das astralische Element zu ihrer Umgebung. –

Fische sie halten das irdische Element auf seiner Stufe; sie bewirken das stetige Oszillieren der spirituellen Substanz, sie leben im irdischen Element mit ihrem Wesen und haben das ätherische Element zu ihrer Umgebung –

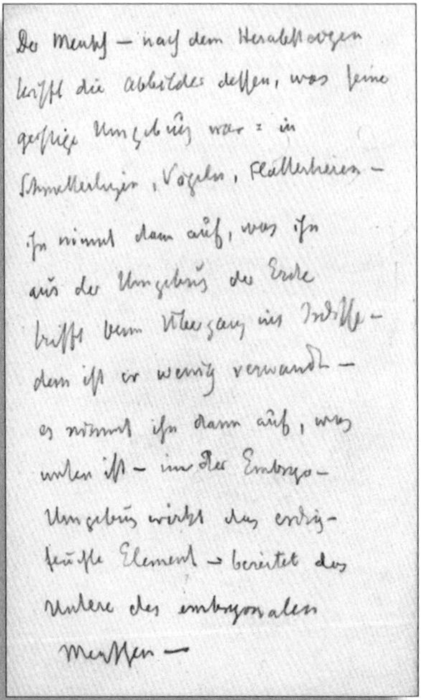

Der Mensch – nach dem Herabsteigen trifft die Abbilder dessen, was seine geistige Umgebung war = in Schmetterlingen, Vögeln, Flattertieren –
ihn nimmt dann auf, was ihn aus der Umgebung der Erde trifft beim Übergang ins Irdische – dem ist er wenig verwandt –
es nimmt ihn dann auf, was unten ist – in der Embryo-Umgebung wirkt das erdig-feuchte Element – bereitet das Untere des embryonalen Menschen –

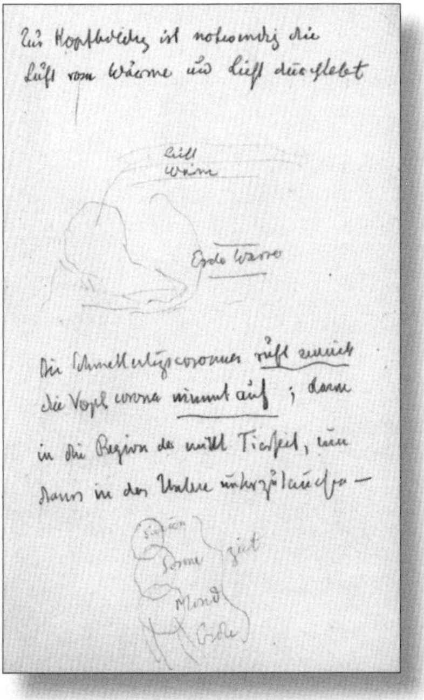

Zur Kopfbildung ist notwendig die Luft von Wärme und Licht durchlebt

Die Schmetterlingskorona *ruft zurück*
die Vogelkorona *nimmt auf;* dann in die Region der mittl[eren] Tierheit, um dann in das Untere unterzutauchen –

Weitere Äußerungen Rudolf Steiners über den Schmetterling

Gesammelt von Walter Kugler und Werner Schäfer

DAS SCHMETTERLINGSWESEN ALLGEMEIN

1904

Raupe – Gedanke 30. September

«Mit *dem* Gedanken, der nur ein schattenhafter Gehirngedanke ist, kann man nichts machen; mit dem schaffenden Gedanken, der die Weltendinge baut und konstruiert, dem produktiven, fruchtbaren, haben wir anstelle des passiven denjenigen, der durchsetzt ist mit spiritueller, geistiger Kraft. Eine Raupe ausgeblasen, ist Hülle der Raupe; vom [produktiven] Gedanken durchsetzt, ist sie die lebendige Raupe. In den Hüllengedanken wird wirkende, schaffende Kraft gegossen, so daß der Priester imstande ist, nicht nur die Welt anzuschauen, sondern als Magier in ihr zu wirken.» *(GA 93, S. 44)*

Instinkt – Einpuppung – Vererbung 20. Oktober

Die Einpuppung als Beispiel dafür, daß es im Leben auch einmalige Vorgänge gibt, die die einseitige Anschauung von der Vererbung widerlegen. *(GA 53, S. 72 f.)*

1905

Farben der Schmetterlinge 9. März

«Man hat in der neueren Zeit naturwissenschaftliche Versuche gemacht, man hat Schmetterlinge auskriechen lassen in Temperaturen, in denen sie sonst nicht leben. Man hat gefunden, daß sie ihre Farben und Farbschattierungen ändern. Und bei höheren Temperaturen sind noch größere Veränderungen zu beobachten. Die Naturwissenschaft ist heute schon eine Art elementarer Theosophie.» *(GA 53, S. 242 f.)*

Bewußtsein der Nachtfalter auf dem astralen Plan 28. September

«Gewisse Tierarten haben auch ein Bewußtsein auf dem astralen Plan [...]. Helena Petrovna Blavatsky weist besonders auf indische Nachtinsekten, Nachtfalter hin.» *(GA 93a, S. 36)*

1906

Schmetterlinge und die Anziehungskraft der Liebe 27. Mai

«Die Anziehungskraft der Liebe ist eine so machtvolle und geheimnisvolle Tatsache, daß beispielsweise tropische Schmetterlinge von verschiedenem Geschlecht, die man aus den Tropen nach Europa gebracht hat und die zweihundert Meilen voneinander entfernt waren, sofort, nachdem sie freigelassen waren, einander entgegengeflogen und sich auf halbem Wege trafen.

Etwas Ähnliches geschieht zwischen der Menschenwelt und der göttlichen Welt wie zwischen dem Menschenreich und dem Pflanzenreich.» *(GA 94, S. 29)*

1907

Der Schmetterling als Hieroglyphe für den Luftzustand des Menschen 14. September

Nach einer Schilderung der Entwicklung des menschlichen Leibes durch die Seele heißt es dann: «Die Formen wechselten; und wenn die Menschenseele wieder in die erste Form zurückkam, nachdem sie die drei anderen Zustände durchlebt hatte, dann fühlte sie sich neu verkörpert. Erhalten sehen Sie diesen Entwicklungsprozeß beim Schmetterling, der sich in vier Formen verwandelt: Ei, Raupe, Puppe, Schmetterling. Der Schmetterling ist die Hieroglyphe, das Zeichen für den Luftzustand des Menschen auf der alten Sonne. Der heutige Schmetterling, der unter ganz veränderten Verhältnissen lebt, ist freilich eine Dekadenzform dieser Zustände. Der Schmetterling ist ein Symbolum für den Luftzustand, über den der Mensch hinausgeschritten ist. Deshalb wird er im Okkultismus als Luftwesen bezeichnet, wie die Schlange als Erdenwesen und der Fisch als Wasserwesen bezeichnet werden.» *(GA 101, S. 167)*

«Wesenheiten ... fliegen wie Schmetterlinge» — 4. Dezember

«Vieles im Menschen ist pflanzlicher Natur, und in all dieses Pflanzliche wirken die Wesen des zweiten Elementarreichs hinein. [...] Die Wesenheiten, welche aus dem zweiten Elementarreich wirken und die Pflanzen in die Gestalt schießen lassen, fliegen von allen Seiten auf die Pflanze ein wie Schmetterlinge.» *(GA 98, S. 143 f.)*

1908

Die Verpuppung und die ihr zugrundeliegende Geometrie und Arithmetik — 23. Januar

«Wer sich einläßt auf solche Feinheiten, wie sie zum Beispiel zutage treten, wenn, sagen wir, ein Insekt sich verpuppt, wie da die einzelnen Fäden nach einzelnen Linien und Richtungen hin gesponnen werden, wie da Richtung für Richtung gesponnen wird, kann man in dem, was das Tier tut, etwas wie eine Geometrie, eine

Arithmetik sich entfalten sehen, zu der der Mensch sich erst nach langer, langer Lehrzeit heranentwickelt. [...] Ja wir sehen, wie etwas von einer Intelligenz auftritt gewissen Forschungsweisen gegenüber, wenn sich ein solches Insekt, eine Raupe, als Puppe einspinnt [...].» *(GA 56, S. 174)*

Der Schmetterling als Bild für den Umgang mit Mythen 12. September

«Jetzt fassen wir das ganze Bild zusammen, welches der Eingeweihte dem Ägypter so klarmachte: Der Ichbewußte Mensch ist gefesselt worden an den Erdenkörper. [...]

Das ist das Bild, das in Ägypten dem Schüler gegeben wurde und das herübergewandert ist nach Griechenland als die Prometheussage. Nicht mit groben Händen muß man einen solchen Mythus anfassen. Man darf ein solches Bild nur nicht wie einen Schmetterling des Staubes berauben. Wir müssen den Staub an den Flügeln lassen, wir müssen den Tau auf der Blüte lassen.» *(GA 106, S, 138)*

1909

Die Tätigkeit des Seidenspinners als Vergleich zu der Tätigkeit der Throne 13. April

«So also sehen wir, daß der alte Saturn sich bildet, indem aus dem Umkreis des Universums sich zusammenziehen an einem Punkt des Weltenalls die Throne und, ich möchte sagen, im großen Maßstabe das tun, was in einer niedrigeren Sphäre der Seidenspinner tut, wenn er seinen eigenen Leib ausspinnt in den Seidenfaden. Sie spinnen den Wärmestoff heraus, opfern ihn hin am Altar des alten Saturn, die Throne.» *(GA 110, S. 68)*

Keime zum Verständnis des Menschen-Ich ohne Datum

«Ich ließ von unserm Freunde malen / Des Insektes Werden / In bedeutungsvollen Bildern, / Sich folgend das geheimnisvolle Leben / Vom Ei durch Raupe und Puppe / Bis zum Schmetterling. / In den kindlich-reinen Bildern, / Die lebensvoll mir eben / Die junge Seele enthüllte, / Liegen die Keime zum vollen Verständnis, / Wie des Menschen Ich umschließt / Des Weltenalls Spiegel [...]» *(GA 44, S. 55 ff., Entwurf zur «Pforte der Einweihung», 3. Bild, Lilie)*

1910

Weben am Netz der Liebe 11. Juni

«In dieses Netz, in dem von außen weben die Geister der Bewegung, die Geister der Form und die Geister der Weisheit, von innen die Geister des Willens, die Seraphim und Cherubim, weben auch noch von innen Wesenheiten, die eigentlich von außen weben müßten. Sie weben aber unter der Oberfläche so, wie etwa der Seidenwurm den Kokon webt.» *(GA 121, S. 102)*

1913

Es nahten ihr wie Falter ... 22. August

«Ich fühlte, wie ich mich vom Erdgewicht / Mit Lüfteleichtigkeit befreien konnte. – – / [...] / Von Seligkeit umhüllt, im Geisteslicht / Mich fühlend, konnt' ich doch die Erdenhülle / Mit Anteil nur betrachten, wunscherfüllt. – – / Ihr strahlten Geister hoher Welten Licht – –; / Es nahten ihr wie Falter, glitzernd hell, / Die Wesen, die ihr Leben regsam pflegten. / Von dieser Wesen Lichtgeflimmer strahlte / Erfunkelnd Farbenspiel der Leib zurück, / Das glänzend nah, erglimmend fern sich zeigt'; / Zuletzt im Raum zerstiebend sich verlor. / Es keimte mir im Geistesseelensein / Der Wunsch, das Erdgewicht versenke mich / In meine Hülle, daß ich Freudesinn / In Lebenswärme fühlend pflegen könne. – – / In meine Hülle fröhlich untertauchend, / Empfand ich euren strengen Weckeruf.» *(GA 14, S. 495 f., «Der Seelen Erwachen», 8. Bild, Der Neophyt)*

Mysterium von Golgatha 2. Oktober
Nachdem über die Sonnenfinsternis während des Mysteriums von Golgatha gesprochen wurde, heißt es weiter: «daß in einer solchen Zeit dasjenige lichtvoll erscheint, was man sonst nur durch sehr schwierige Meditationen erreichen kann: Man sieht dann alles Pflanzliche und Tierische anders, jeder Vogel, jeder Schmetterling sieht dann anders aus. Man bemerkt eine Herabdämpfung des Lebensgefühles.» *(GA 148, S. 27)*

1917

Der Schmetterling als Bild für die Seele 8. Mai
Im folgenden zitiert Rudolf Steiner den Philosophen Vincenz Knauer, der sich seinerseits auf Aristoteles beruft: «Die Seele aber, das heißt hier der abgeschiedene Menschengeist [...], befindet sich also nach Aristoteles nicht in einem vollkommeneren, sondern in einem ihrer Bestimmung nicht zusagenden, höchst unvollkommenen Zustande. Das Bild für sie ist keineswegs das vielfach verwendete, das eines Schmetterlings nämlich, der nach abgestreifter Puppenhülse sich im blauen Himmelsäther wiegt. Sie gleicht vielmehr einem Schmetterling, dem von grausamer Hand die Flügel ausgerissen wurden, und der nunmehr unbehilflich in der Gestalt des armseligsten Wurmes im Staube kriecht.» *(GA 175, S. 379)*

1920

Experimentelle Wissenschaft; Schmetterling aus Papiermaché — 1. Februar

«Ein großer Teil der Welt steht heute noch auf diesem Standpunkt: Man muß experimentieren, man muß die Gerätschaften schaffen und experimentieren, und aus den Experimenten heraus müssen sich ergeben die Anschauungen über die Natur. – Vor dem Forum des Geistes angeschaut heißt das: Ich habe hier einen Schmetterling; es ist mir zu kompliziert, diesen Schmetterling zu untersuchen, ich mache ihn aus Papiermaché sehr täuschend nach und untersuche dann die Nachbildung aus Papiermaché.» *(GA 196, S. 140)*

Wie man in alten Zeiten die Schmetterlinge sah — 25. Dezember

«Die andere Seite ist, daß in jenen alten Zeiten eine intensive innere Fähigkeit des Menschen vorhanden war, wahrzunehmen, was aus der Erde heraus, gewissermaßen als die Fluida der Erde, den Menschen umströmte. [...]. Wenn der alte Mensch die Schmetterlinge über die Pflanzen hinfliegen sah, so sah er sie immer so, daß sie hinter sich herzogen dasjenige, was sich aus der Erde heraus schuf. Wie in einer aurischen Wolke nahm er wahr, was über die Erde hin an Tierischem huschte.» *(GA 202, S. 246 f.)*

1921

Insekten und der Jahreslauf — 2. Januar

«Beim Insektenleben in seinen Metamorphosen sehen wir direkt den Jahreslauf in den aufeinanderfolgenden Gestalten, die das Insekt annimmt, zum Ausdruck kommen.» *(GA 323, S. 54)*

Woraus die Formen der Tiere zu erklären sind 26. Juni

«Das erste, was erlebt wird, wenn man bewußt jenen Zustand durchmacht, der sonst unbewußt zwischen dem Einschlafen und Aufwachen durchgemacht wird, was man da erlebt, indem man untertaucht in diese Welt, die der Quell unseres Rhythmus ist, das ist, daß einem die tierische Welt in ihren Formen verständlich wird. Die Tierwelt kann nicht in ihren Formen erklärt werden aus äußeren physischen Grundlagen, Kräften. Wenn die Zoologen oder Morphologen glauben, die Löwenform, die Tigerform, die Schmetterlingsform, die Käferform aus irgend etwas erklären zu können, was hier im physischen Raume zu finden ist, so täuschen sie sich sehr. Es ist das, woraus die Formen der Tiere zu erklären sind, nicht aus irgend etwas zu erklären, was hier im physischen Raume zu finden ist. Man trifft es an auf die Weise, wie ich es jetzt beschrieben habe, wenn man eben in die dritte der Gesetzmäßigkeiten hineinkommt, in die Gesetzmäßigkeit der Weltenseele.» *(GA 205, S. 73 f.)*

Insekten als Bild für das, worin das Menschen-Ich lebt 16. Juli

«Wenn Sie die herumschwirrenden Insekten sehen und sie imaginativ erfassen, dann haben Sie in diesem ein Bild von dem, worin Ihr Ich lebt. Denken Sie sich einmal in Ihrer Umgebung herumschwirrende Insekten: Käfer, Fliegen, schöne Schmetterlinge, häßliche Bremsen und Hummeln und alles mögliche; denken Sie sich das alles, was da in den verschiedensten Richtlinien um Sie herumschwebt: Da wird äußerlich sichtbar dasjenige, in dem Ihr Ich tatsächlich drinnen lebt. [...] wir erleben in demjenigen, was sich einsetzt in dem Vogelleib in den Federn und was herumflattert in den

Schmetterlingen und in den Insekten überhaupt, mit unserem Ich die Wahrnehmung und die Teilnahme an unseren Bewegungen.» *(GA 205, S. 224 f.)*

1923

Über den «Verstand» der Insekten 5. Januar

«An den Insekten muß man ja diese Sache gerade beobachten, weil man bei den Insekten ganz genau wissen kann: Dadurch können sie nicht gescheit sein, daß sie ein großes Gehirn haben, denn das haben sie ganz sicher nicht. Deshalb muß man diese Sache gerade bei den Insekten beobachten. [...] Die Insekten legen ja alle ihre Eier, und da kommt nicht gleich das Tier heraus, sondern immer eine solche Made, die sich erst umwandelt – bei den Schmetterlingen, die ja auch Insekten sind, ist es sogar noch komplizierter. Da kommt zuerst eine Made heraus, eine Raupe; die puppt sich ein, und aus der Puppe kommt erst der Schmetterling heraus. Da ist eben durchaus eine Umwandlung vorhanden. Aber diese Umwandlung ist eigentlich bei allen Insekten vorhanden. Nun sehen Sie, es gibt Insekten, die sind, wenn sie ausgewachsen sind, Vegetarier, die fressen bloß Pflanzen. [...] Aber das Eigentümliche ist vorhanden, daß ihre Larven, ihre Maden, wenn sie aus den Eiern auskriechen, trotzdem Fleisch brauchen. [...] Diese auskriechenden Maden sind eigentlich schon furchtbar gescheit. [...] Daraus können Sie aber ersehen, daß man bei den Tieren wie den Insekten sagen kann: Sie haben ganz gewiß keinen Verstand, denn einen Apparat haben sie ja nicht zum Verstand, das Gehirn ist ja weg, aber das, was sie tun, in dem wirkt der Verstand.» *(GA 348, S. 201–203)*

Der Lebenslauf eines Insektes als Vergleich mit dem Lebenslauf des Menschen innerhalb geschichtlicher Epochen 2. Februar

«Wenn wir ein tierisches Wesen betrachten in seinem Leben, sagen wir während eines Jahreslaufes, so finden wir, daß das Tier den Jahreslauf in einer gewissen Weise miterlebt. Bedenken Sie zum Beispiel ein Insekt, das sich im Zusammenhange mit der Jahreszeit verpuppt, das zu einer anderen Zeit als Schmetterling auskriecht, dann zu einer anderen Jahreszeit seine Eier ablegt und so weiter. Wir können den äußeren Naturlauf verfolgen, können dann den Lebenslauf eines solchen Insektes verfolgen, und wir werden einen gewissen Zusammenhang finden, gewissermaßen so etwas, wovon wir sagen können, das Tier richtet sich in seinem eigenen Leben nach seiner natürlichen Umgebung ein. Wenn wir den Menschen irgendeiner Menschengruppe, einer größeren Menschengemeinschaft, in älteren Zeiten der Erdenentwicklung betrachten, so finden wir, daß er auch mehr oder weniger instinktiv das Äußerlich-Natürliche miterlebt.» *(GA 221, S, 9)*

Durch das Bewegen von gefrierendem Wasser erzeugte Tierformen lassen die menschliche Gestalt erleben 7. April

Das Bleigießen in der Silvesternacht «ist das letzte abstrakte Überbleibsel von jenen wunderbaren Betätigungen der inneren menschlichen Triebkraft in der Natur, die sich zum Beispiel so äußerte, wie ich es beschrieben habe: daß der Mensch die Hand in das Wasser steckte, das schon im Gefrieren war, daß er die Hand erstarrt bekam und nun probierte, wie er das Wasser in Wellen formte, so daß das gefrierende Wasser dann mit den wunderbarsten Gestalten antwortete.

Der Mensch bekam auf diese Weise die Fragen heraus an die Erde. [...] In der Tiefwinterzeit wandte er sich für das, was er jetzt wissen wollte, nun nicht hinaus an die Himmel, sondern er wandte sich an das irdische Element, und er probierte, was das irdische Element für Formen annehmen kann. Und an diesem merkte er, daß die Formen, die da herauskamen, sich in einer gewissen Weise ähnlich verhielten den Formen, welche die Käfer, die Schmetterlinge bildeten.» *(GA 223, S. 67 f.)*

Das Wesen der Schmetterlinge 8. Oktober
Siehe «Metamorphosen», Anhang, S. 106.

Das künstlerische Schaffen des Kosmos, dargestellt am Beispiel des Schmetterlings 15. Oktober
Siehe «Aus dem Licht heraus geboren», Anhang, S. 115.

Die Schmetterlingsmetamorphose 19. Oktober
Siehe «Gewobenes Sonnenlicht», Anhang, S. 118.

Der Schmetterling und das Licht 24. Oktober
«Schauen Sie sich an: Da ist das Ei unbedeckt. Wenn die Raupe auskriecht, kommt schon das Licht. Die Raupe [...] geht zum Licht, spinnt ihren Kokon, die Hülle, daß sie zur Puppe wird, nach dem Licht, und das Licht ruft wiederum den Schmetterling hervor. Und das Licht ruht nicht und rastet nicht, gibt dem Schmetterling seine Farben. Die Farben sind durch das Licht hervorgerufen; das Licht behandelt den Schmetterling. [...]

Und wenn man nun, was man auch nicht mit Augen sieht – die Augen sind dafür nicht empfindlich –, photographieren würde, würde man nämlich beweisen können, daß das Schmetterlingsei das Spektrum gelb und das Hunde- und Kuhei das Spektrum blau hat in der Photographie. [...]. Nun können wir also sagen: Der Schmetterling wird im äußeren Sonnenlicht gebildet, die Kuh oder der Hund wird an dem Sonnenlicht gebildet, das innerlich aufgespeichert ist.» *(GA 351, S. 90, 92)*

Aus dem sog. Schmetterlingszyklus I 26. Oktober
Siehe: Erster Vortrag, S. 43.

Aus dem sog. Schmetterlingszyklus II 27. Oktober
Siehe: Zweiter Vortrag, S. 59.

Aus dem sog. Schmetterlingszyklus III 28. Oktober
Siehe: Dritter Vortrag, S. 79.

Die Feuergeister und die Schmetterlingswelt 2. November
Über den Zusammenhang der Pflanzenwelt mit der Schmetterlingswelt. Elementarwesen. Die Feuergeister fühlen sich innig verwandt mit der Schmetterlingswelt. – «Aber geradeso wie bei einer Flamme die Wärme es zunächst ist, die das Licht zum Scheinen bringt, so sind es auf der Oberfläche der Erde, wenn die Insekten in den Weltenraum hinausschimmern lassen, was dann den Menschen anzieht, wenn er zur physischen Verkörperung herunterkommen soll: Es sind die Insekten, sind diejenigen Wesenheiten, die entflammt sind zu diesen Taten durch den Kosmos, durch die Feuergeister, die sie umschwirren.» *(GA 230, 7. Vortrag, Zitat: S. 125)*

Feuerwesen und Schmetterlinge 3. November
«Wenn wir dann zu den Feuerwesen kommen, dann ist es bei den Feuerwesen so, daß sie die Ergänzung bilden zu der flüchtigen Schmetterlingsnatur. Der Schmetterling entwickelt sozusagen selber so wenig wie möglich

von seinem physischen Leibe, von dem eigentlich physischen Leibe; er läßt ihn ja so dünn sein wie nur möglich; dagegen ist er ein Lichtwesen. Die Feuerwesen stellen sich heraus als Wesen, welche den Schmetterlingsleib ergänzen, so daß man den folgenden Eindruck bekommen kann. Wenn man auf der einen Seite einen physischen Schmetterling sieht und ihn sich entsprechend vergrößert denkt und auf der anderen Seite ein Feuerwesen – zusammen sind ja diese Wesen selten, nur in den Fällen, die ich Ihnen gestern angeführt habe –, dann hat man das Gefühl, wenn man diese zueinanderbackt, dann bekommt man eigentlich so etwas wie einen geflügelten Menschen, wirklich einen geflügelten Menschen. Man muß nur den Schmetterling entsprechend vergrößern und die Feuerwesen dem Größenmaß des Menschen angepaßt finden, dann bekommt man so etwas wie einen geflügelten Menschen daraus.

Das zeigt Ihnen wiederum, wie die Feuerwesen eigentlich die Ergänzung dieser ja dem Geistigen am nächsten stehenden Tierwesen sind; sie sind sozusagen die Ergänzung nach unten hin. Gnomen und Undinen sind die Ergänzung nach oben hin, nach der Kopfseite; Sylphen und Feuerwesen sind die Ergänzung von Vögeln und Schmetterlingen nach unten hin. Also die Feuerwesen muß man mit den Schmetterlingen zusammenbringen.»

«Wenn […] die Feuerwesen sich mit jenen Impulsen durchdringen, welche in die Region der Schmetterlinge gehören, welche den Schmetterlingen zu ihrer Entwicklung sehr nützlich sind, und das heruntertragen in die Früchte, dann entsteht zum Beispiel das, was wir innerhalb einer Reihe von Mandeln als giftige Mandeln haben. Da wird dieses Gift durch die Tätigkeit der Feuerwesen in die Mandelfrucht hineingetragen.»

«Für den Menschen ist schon die Erkenntnis der übersinnlichen Welt sehr, sehr notwendig, denn in dem Augenblicke, wo er durch die Pforte des Todes tritt, hat er ja nicht mehr die sinnliche Welt um sich, sondern da beginnt zunächst die andere Welt seine Welt zu sein. In seiner gegenwärtigen Entwicklung kann er sich nicht in diese andere Welt begeben, wenn er nicht sozusagen aus den physischen Offenbarungen die Schriftzeichen erkannt hat, die hinüberweisen in diese andere Welt; wenn er nicht lesen gelernt hat in den Tieren der Erde, in den Tieren des Wassers, in den Tieren der Luft und in den Tieren, ich möchte sagen, des Lichtes, in den Schmetterlingen das, was hinweist auf die Elementarwesen, die unsere Mitbewohner sind zwischen dem Tod und einer neuen Geburt.» *(GA 230, S. 134, 140, 141)*

Schmetterlingsflügel 4. November

«Und wenn man übergeht zu den Feuerwesen, ja, denken Sie nur einmal, wie der Schmetterlingsstaub von den Schmetterlingsflügeln mit den absterbenden Schmetterlingen scheinbar in nichts zerfließt. Aber es ist nicht richtig, daß er in nichts zerfließt. Das, was da abstaubt von den Schmetterlingsflügeln, ist höchst vergeistigte Materie. Das alles fließt in den Wärmeäther, der die Erde umgibt, hinein wie winzige Kometen, jedes einzelne Stäubchen wie ein winziger Komet im Erdenwärmeäther. Alles wird, wenn die Schmetterlingswelt ihrem Ende zugeht im Jahreslauf, glitzernd und glimmend, innerliches Glitzern und Glimmen. Und in dieses Glitzern und Glimmen ergießen sich die Feuerwesen, sie nehmen es auf. Es glitzert und glimmert in ihnen weiter, und auch sie bekommen ihre Sehnsucht. Sie tragen das, was sie so aufgenommen haben, in die Höhe. Und man sieht – ich habe es Ihnen schon von einer anderen Seite geschildert –, wie nun das, was von den Schmetterlingsflügeln von den Feuerwesen nach außen getragen ist, in den Weltenraum hinausschimmert. Aber es schimmert nicht nur hinaus, es strömt hinaus, und es ist dasjenige, was den eigentlichen Anblick der Geister der höheren Hierarchien von der Erde ergibt. Die Geister der höheren Hierarchien schauen auf die Erde und sehen vorzugsweise von der Erde dieses von den Feuerwesen hinausgetragene Schmetterlings- und Insektenwesen, und die Feuerwesen finden ihre höchste Wollust darinnen, zu verspüren, wie sie es sind, die sich hinstellen vor die Geistesaugen der höheren Hierarchien. [...]

Und wiederum das Zugrundegehen des Schmetterlingswesens ist etwas, was sozusagen dauernd die Erde wie mit einer Feuerschale umgibt. Für die Anschauung ist das so, daß gewissermaßen die Erde von einem wunderbaren feurigen Gemälde umgeben ist, und an der einen Seite, wenn man von der Erde hinaufschaut, sind diese zuckenden Blitze, diese phosphoreszierenden und verschwindenden Undinen. All das ist so, als ob man sagen müßte: Hier auf Erden weben und leben diese Elementargeister; sie streben nach aufwärts und verschwinden im Feuermantel der Erde. Aber sie verschwinden eigentlich nicht in Wirklichkeit, sondern sie finden da ihr ewiges Dasein, indem sie in die Wesenheiten der höheren Hierarchien übergehen.» *(GA 230, S. 149 f.)*

Die Natur verstehen lernen 30. November

«Derjenige, der, ich möchte sagen, mit der Technik des Wissens-Aneignens etwas bekannt ist, der weiß, wie ungeheuer lichtbringend zuweilen die einfache Bemerkung eines Landmannes ist, der es zu tun hat mit dem Säen und Ernten und mit all dem, was sich dabei zuträgt. Sie werden sagen: Ja, der versteht ja das nicht.

Das braucht Sie ja nicht zu interessieren, ob der, der das sagt, es versteht; verstehen *Sie* es nur, wenn Sie ihm zuhören. Darauf kommt es an. Gewiß, in den wenigsten Fällen wird der, der das ausspricht, es auch verstehen; es ist ein Instinkt. Und noch Gründlicheres ist ja zu erfahren von Wesenheiten, die schon gar nichts von dem verstehen, was sie einem sagen: von den Käfern und Schmetterlingen, von den Vögeln und so weiter.» *(GA 232, S. 64)*

1924

Insekten und Larven und ihr Zusammenhang mit den Bäumen 15. Juni

«Die Insekten nämlich haben eines Tages gesagt: Wir fühlen uns nicht stark genug, die Astralität richtig zu bearbeiten, die um die Bäume herumsprüht. Wir benutzen daher unsererseits das Baumhaft-sein-Wollen der anderen Pflanzen und umflattern diese, und euch Vögeln überlassen wir in der Hauptsache dasjenige, was an Astralität die Bäume umgibt. Und so ist eine richtige Arbeitsteilung in der Natur zwischen dem Vogelwesen und dem Schmetterlingswesen eingetreten, und beides zusammen wirkt in einer ganz wunderbaren Weise wiederum so, daß dieses Fluggetier in der richtigen Weise die Astralität überall verbreitet, wo sie auf der Oberfläche der Erde, in der Luft gebraucht wird. [...]. Daher müßte innerhalb der Landwirtschaft auch ein Auge darauf geworfen werden, in der richtigen Art Insekten und Vögel herumflattern zu lassen. Der Landwirt selber müßte auch etwas von Insektenzucht und Vogelzucht zu gleicher Zeit verstehen.» *(GA 327, S. 186)*

Siehe auch die sog. Falter-Meditation in GA 265, S. 476 ff.

DER SCHMETTERLING ALS BILD FÜR DIE UNSTERBLICHKEIT DER SEELE

1906

14. Mai

«Auch die Frage nach dem Tode und der Geburt ist viel besser durch das Beispiel zu beantworten. Wer die Natur heranzuziehen vermag, wird sehen, was er gerade damit bewirken kann. Man führt dem Kind etwa die Raupe vor Augen und zeigt ihm, wie sie sich zur Puppe einspinnt und wie sich aus dieser Puppe schließlich der Schmetterling entfaltet – das ist ein wunderschönes Beispiel für die Entstehung des Kindes aus der Mutter heraus.» *(GA 96, S. 65)*

27. August

«Wenn das Kind frägt nach Leben und Tod, nach den Verwandlungen des Menschen, so kann man ihm das Beispiel von der Raupe und Puppe vorführen; man macht ihm klar, wie gleichsam aus der Puppe heraus der Schmetterling aufersteht zu einem neuen Leben. Überall in der Natur findet man solche Gleichnisse für die höchsten Fragen.» *(GA 95, S. 57)*

1906

ohne Datum

«Man nehme an, man wolle einem jungen Menschen von der Unsterblichkeit der Seele, von ihrem Hervorgehen aus dem Leibe sprechen. Man soll es so tun, daß man zum Beispiel den Vergleich heranzieht von dem

Hervorgehen des Schmetterlings aus der Puppe. Wie sich der Falter aus der Puppe erhebt, so nach dem Tode die Seele aus dem Gehäuse des Leibes.» *(GA 34, S. 331 f., «Die Erziehung des Kindes vom Gesichtspunkte der Geisteswissenschaft»)*

1907

28. Juni

«Haben Sie die Frage vorliegen: Wie ist es mit dem Leben nach dem Tode? – dann führen Sie das Kind zu einer Schmetterlingspuppe: Wie der Schmetterling aus der Puppe so fliegt die Seele aus dem Körper heraus, nur daß man es nicht sehen kann. Aber nur der wird es mit Überzeugung dem Kinde beibringen, der selbst daran glaubt und für den das Herauskommen des Schmetterlings aus der Puppe auf niederer Stufe dasselbe ist wie das, was auf höherer Stufe mit der Seele vorgeht.» *(GA 100, S. 188)*

1909

7. Juni

«Von großer Bedeutung ist dabei, wie Fragen dem Kinde beantwortet werden. Zum Beispiel als Erklärung für das Werden des Menschen, für Tod und Geburt, das Werden des Schmetterlings aus der Puppe. Es ist dies ein Bild für die Seelenhaftigkeit des Menschen, der aus dem physischen Leib herausstrebt. [...] Der Okkultist weiß, daß gerade das Bild vom Schmetterling und der Puppe zum Symbol eines viel höheren Vorgangs dienen kann.» *(GA 109, S. 208)*

1918

29. April

«Wer aber auf dem Gebiete der Geisteswissenschaft steht, der weiß, daß der Schmetterling das wirkliche, von dem Weltengeist geschaffene Bild der Unsterblichkeit ist. Wir glauben selber an dieses Bild, und wir wählen nichts anderes als das, woran wir selber glauben [...]. Dadurch suchen wir unterzutauchen in die Wirklichkeit, suchen den Egoismus zu überwinden, der im Denken noch etwas Abstraktes haben will.» *(GA 182, S. 78)*

1919

15. Juni

«Man weist das Kind hin auf die Insektenpuppe, wie der Schmetterling ausfliegt, und weist darauf hin, daß geradeso, wie der Schmetterling aus der Puppe kommt, die Seele des Menschen durch die Pforte des Todes geht [...] Nun, ich glaube daran, weil das tatsächlich wahr ist, weil tatsächlich die Dinge der Wirklichkeit reale Symbole sind, weil es in der Tat so ist, daß in der physischen Welt der Schmetterling aus der Puppe so hervorgeht ganz nach denselben Gesetzen, nach denen im Geistigen die unsterbliche Seele aus dem Leben durch die Pforte des Todes hervorgeht.» *(GA 192, S. 192 f.)*

«Diese freie Hingabe der einen Seele an die andere muß sich aus etwas entwickeln; die muß sich zuerst aus der Hingabe durch das Autoritätsgefühl hindurchwinden. Das ist der Puppenzustand für alle soziale Liebe im Leben, daß wir erst durch das Autoritätsgefühl hindurchgehen.» *(GA 192, S. 193 f.)*

11. August

«Das Geheimnis liegt darinnen, daß das Kind nur wirklich ergriffen wird von dem Bilde, wenn man selbst daran glaubt. Und dazu soll uns eben wirkliche geisteswissenschaftliche Stimmung wiederum zurückbringen, daß wir in der Natur nicht sehen jene gespenstischen Dinge, von denen uns die Naturwissenschaft spricht, sondern wiederum sehen das Bildliche, das Imaginative. Dasjenige, was aus der Puppe auskriecht und in dem Schmetterling vorliegt, ist wirklich ein von der göttlichen Weltordnung in die Naturordnung hineingestelltes Bild für die Unsterblichkeit der Seele. Und es gäbe den Schmetterling nicht, der aus der Puppe auskriecht, wenn es nicht eine unsterbliche Seele gäbe.» *(GA 296, S. 58)*

21. August

«Keine Art von Begriff kann dem Kinde vor dem 14. Lebensjahre etwas beibringen über die Unsterblichkeit. Aber ich kann ihm sagen: Sieh dir einmal diese Schmetterlingspuppe an. Da ist nichts drinnen. Da war der Schmetterling drinnen, aber der ist herausgekrochen. – Ich kann ihm auch den Vorgang zeigen, und es ist gut, solche Metamorphosen dem Kinde vorzuführen. Ich kann nun den Vergleich ziehen: Denke dir, du bist jetzt selbst eine solche Puppe. Deine Seele ist in dir, die dringt später heraus, wird dann so herausdringen wie der Schmetterling aus der Puppe. [...] Es ist kein [...] Vergleich, sondern es ist eine von der göttlichen Weltenordnung hingestellte Tatsache.» *(GA 294, S. 21 f.)*

7. September

«Erst wenn man sich dazu durchgerungen hat, zu empfinden, daß in dem Bilde von Puppe und Schmetterling nicht ein äußerlich zusammengeschusterter Vergleich gegeben ist, sondern ein solcher, den uns die göttlich-geistige Natur selber hinstellt, in dem Augenblick, wo wir glauben können an die Wahrheit des Bildes, wie das Kind daran glauben soll, in dem Augenblick erst gelingt es uns, lebendigen Geist auf das Kind zu übertragen. Wir müssen sprechen, wir müssen wirken können aus dem Geiste der Wahrheit heraus.» *(GA 298, S. 31)*

26. September

«Dagegen kommt es überall darauf an, daß wir uns Vorstellungen ausbilden, durch die wir aus der Natur auf das Übersinnliche hinweisen. [...] Aber wirksam ist eine solche Vorstellung nur, wenn Sie selber daran glauben, wenn Ihnen selber die Vorstellung des Auskriechens des Schmetterlings aus der Puppe ein von göttlichen Mächten in die Natur hineingepflanztes Symbolum für die Unsterblichkeit ist.» *(GA 300a, S. 100)*

1920

26. April

«Es ist von einem großen Vorteil für die Entwicklung des Kindes, wenn man versucht, gewisse Vorstellungen durch äußere Bilder dem Kinde beizubringen, sagen wir zum Beispiel: Ich will, und es ist das gut, dem Kinde schon möglichst früh eine Empfindung von der Unsterblichkeit der Seele beibringen. [...] Dringt man wirklich ein in die Geheimnisse der Natur, dann wird einem selbst dasjenige, was aus der Schmetterlingspuppe ausfliegt, das von dem Schöpfer selbst in die Natur hineingestellte Symbolum für die Unsterblichkeit.» *(GA 301, S. 85)*

8. September

«Nehmen wir an, wir wollen einem Kinde das Wesen der unsterblichen Menschenseele beibringen. Wer Erfahrung hat, weiß, wie schwierig das ist, wenn man die Sache verantwortungsvoll und ehrfurchtsvoll nehmen will. Nehmen wir an – ich will von einem Vergleich ausgehen –, wir schauen eine Schmetterlingspuppe an. Wir sagen zu dem Kinde: Sieh, der Schmetterling fliegt heraus aus dieser Puppe; den Schmetterling siehst du, wenn er aus der Puppe kommt. So ist es auch mit der Menschenseele; die Menschenseele verläßt die Puppe des Leibes im Moment des Todes. Diese Seele kannst du nur nicht sehen. – Ein Bild stellt sich vor die Kinder hin.

[...] Nur, wenn man selber an das Bild glaubt, bringt man auch dem Kinde das Richtige bei. Und ich gestehe Ihnen offen: Aus der Geisteswissenschaft heraus ist das für mich kein zusammengestoppeltes Bild, sondern da ist es eine Tatsache; die Menschenseele macht das durch, was der Schmetterling im Bilde zeigt. Und nicht mein Verstand hat in diesem Schmetterling das Bild gefunden für die Unsterblichkeit, sondern: Auf einer unteren Naturstufe steht ganz derselbe Vorgang da. Durch die Natur, durch den Geist der Natur selbst ist das Bild gemacht. Nicht ich mache das Bild, sondern ich glaube, daß die schöpferischen Kräfte der Natur in dem Ausfliegen des Schmetterlings dasselbe hinstellen wie die Menschenseele, die aus dem Leibe geht.»

(GA 297, S. 212 f.)

1921

27. Februar

«Denken Sie sich, wir wollen einem Kinde einfache religiöse Vorstellungen beibringen, zum Beispiel eine solche von der Unsterblichkeit der Seele. Wir können, wenn wir dieses dem Kinde vor dem neunten, zehnten Jahr beibringen wollen, aus dem Bildlichen herausarbeiten. Wir müssen dem Kinde zum Beispiel sagen: Sieh dir einmal die Schmetterlingspuppe an; da bricht die Umhüllung durch, der Schmetterling flattert heraus in die Luft. So ist es auch mit dem Menschen. Die unsterbliche Seele wohnt im physischen Leibe. Der Tod zerbricht diesen Leib. Die unsterbliche Seele ist dem Schmetterling vergleichbar, nur unsichtbar flattert sie aus dem physischen Leibe in die übersinnliche Welt hinein, wie der Schmetterling aus der Puppe in die Luft fliegt.» *(GA 304, S. 50)*

20. März

«Die Natur selbst stellt im Hervorgehen des Schmetterlings aus der Puppe auf einer niederen Stufe dasselbe hin, was auf einer höheren Stufe für die Seele die Unsterblichkeit ist.» *(GA 217a, S. 45)*

11. November

«Bin ich aber geschult durch anthroposophische Geisteswissenschaft über das Wesen der Welt, so daß ich weiß: In allem Materiellen ist Geist, dann sage ich gar nicht, ich bin furchtbar gescheit und das Kind ist furchtbar dumm und ich muß etwas ausdenken, sondern ich glaube selbst daran, daß dasjenige, was auf einer höheren Stufe die aus dem Leibe hervorkommende Seele ist, auf einer niederen Stufe durch Naturgesetzmäßigkeit sich hinstellt als das Herauskriechen des Schmetterlings aus der Puppe. Ich glaube selbst an meinen Vergleich. Das ist für mich heilige Überzeugung. Das sind zwei verschiedene Dinge. Rede ich aus heiliger Überzeugung zu dem Kinde, nun, da berühre ich auf imponderable

Weise das Innerste des Kindes. Da rufe ich in ihm dasjenige hervor, was ein lebendiges Empfinden, ein lebendiger Begriff ist […].» *(GA 304, S. 108 f.)*

23. November

«Nicht ich mache mit meinem Verstande dieses Bild, sondern die Welt selber stellt in dem auskriechenden Schmetterling die Naturvorgänge vor.» *(GA 304, S. 156)*

31. Dezember

«Nehmen wir einmal an, wir wollen einem Kinde, was viel schwieriger ist, als man gewöhnlich meint, einen Begriff, eine Vorstellung von der Unsterblichkeit der Seele beibringen. Wir können in dem Lebensalter, wo das Kind vorzugsweise für das Künstlerische in der Erziehung veranlagt ist, solche Dinge nicht mit abstrakten Begriffen, mit Vorstellungen in ideenhafter Form an das Kind heranbringen. Wir müssen es in bildhafter Weise heranbringen. […] Das, was mit Puppe und Schmetterling wirklich geschieht, ist nicht von mir ausgedacht, das ist in die Schöpfung durch die Urweltweisheit hineingelegt, und ich habe auch draußen in der Natur in dem Ausfliegen des Schmetterlings ein Bild desjenigen zu sehen, was auf einer höheren Stufe auch geschieht, im Verlassen des Leibes durch die Seele. Da komme ich dazu, an mein Bild selber inbrünstig zu glauben, es für ein wahres zu halten. Da wirkt dann etwas, was ich durchaus in das Gebiet der Seelenimponderabilien rechnen muß, hinüber auf das Kind. Bringe ich aus der Wärme und aus der Innigkeit dieses eigenen Glaubens an mein Bild das dem Kinde bei, dann bleibt es, dann gestaltet es sich hinein in den ganzen Menschen. Man kann das Wirken der selbstverständlichen Autorität in solcher Weise anschauen. Dann wird diese

Autorität, dieses Hinführen zum Gehorsam, zum innerlichsten Gehorsam eben in seiner heilsamen und wohltätigen Wirkung durchschaut werden und nicht etwa von einem falschen Freiheitsprinzip her angefochten werden.» *(GA 303, S. 174–176)*

1922

17. August

«Und wie aus der Schmetterlingspuppe der Schmetterling ausfliegt, so fliegt die Seele, wenn der Tod kommt, aus dem Körper aus. Nur ist der Schmetterling sichtbar, die Seele ist unsichtbar.» *(GA 305, S. 36)*

19. November

«Nun werden Sie mich fragen: Ja, wenn ich das Kind so erziehen soll, daß ich sein moralisch-fühlendes Urteil zwischen dem Zahnwechsel und der Geschlechtsreife einpflanze, und nicht so, daß ich ihm Gebote gebe, an seinen Intellekt appelliere, an was soll ich dann appellieren? – Ja, jenes selbverständliche Autoritätsverhältnis, das führt zu Imponderabilien zwischen dem Erzieher und dem Kinde! Das will ich nun durch ein Beispiel veranschaulichen. Ich kann bildhaft dem Kinde beibringen wollen etwas über die Unsterblichkeit des menschlichen Seelenwesens; bildhaft beibringen, nicht durch Wissenschaftliches. [...]. Ich muß Natur und Geist in eins verweben, und ich sage zu dem Kinde vielleicht etwas, was ich in ein künstlerisches Bild forme: Sieh einmal, die Schmetterlingspuppe ist da; der Schmetterling kriecht aus der Puppe heraus. Wie der Schmetterling aus der Puppe auskriecht, so die Seele aus dem menschlichen Leibe, wenn der menschliche Leib dem Tode verfällt. – Ich rege dadurch seine Phantasie an, ich bringe ein lebendiges moralisches Bild vor seine Seele.» *(GA 218, S. 237)*

20. November

«Die Unsterblichkeit der Seele tritt mir auf einer einfacheren, primitiveren Stufe, in dem auskriechenden Schmetterling entgegen. Gott selber hat mir das zeigen wollen an dem auskriechenden Schmetterling. – Erst wenn ich in dieser Weise meinen Bildern gegenüber selbst Gläubigkeit entwickeln kann, dann spielt sich dieses eigentümliche, unsichtbare Übersinnliche zwischen mir und dem Kinde ab.» *(GA 218, S. 254)*

1923

19. April

«Nicht ich vergleiche, sondern die Weltenordnung selber hat dieses Bild hingestellt; es liegt wirklich im Auskriechen des Schmetterlings auf einer unteren Stufe dasselbe ausgedrückt, versinnlicht vor, was in der Unsterblichkeit der Seele vorliegt.» *(GA 306, S. 184 f.)*

Quellen, Anmerkungen

Die Werke Rudolf Steiners werden mit der Band-Nummer innerhalb der Rudolf Steiner Gesamtausgabe (GA), Rudolf Steiner Verlag, Dornach, nachgewiesen.

Erwähnte und zitierte Bände der Rudolf Steiner Gesamtausgabe (in Klammern aktuelle Auflage):

13 *Die Geheimwissenschaft im Umriß* (1989)

14 *Vier Mysteriendramen* (1998)

34 *Lucifer – Gnosis. 1903–1908. Grundlegende Aufsätze zur Anthroposophie und Berichte aus den Zeitschriften «Luzifer» und «Lucifer – Gnosis»* (1987)

44 *Entwürfe, Fragmente und Paralipomena zu den vier Mysteriendramen* (1985)

53 *Ursprung und Ziel des Menschen* (1981)

56 *Die Erkenntnis der Seele und des Geistes* (1985)

93 *Die Tempellegende und die Goldene Legende* (1991)

93a *Grundelemente der Esoterik* (1987)

94 *Kosmogonie* (2001)

95 *Vor dem Tore der Theosophie* (1990)

96 *Ursprungsimpulse der Geisteswissenschaft* (1989)

98 *Natur- und Geistwesen, ihr Wirken in unserer sichtbaren Welt* (1996)

100 *Menschheitsentwicklung und Christus-Erkenntnis* (2006)

101 *Mythen und Sagen. Okkulte Zeichen und Symbole* (1992)

106 *Ägyptische Mythen und Mysterien* (1992)

109 *Das Prinzip der spirituellen Ökonomie im Zusammenhang mit Wiederverkörperungsfragen* (2000)

110 *Geistige Hierarchien und ihre Widerspiegelung in der physischen Welt* (1991)

121 *Die Mission einzelner Volksseelen im Zusammenhange mit der germanisch-nordischen Mythologie* (1982)

148 *Aus der Akasha-Forschung. Das fünfte Evangelium* (1992)

175 *Bausteine zu einer Erkenntnis des Mysteriums von Golgatha* (1996)

182 *Der Tod als Lebenswandlung* (1996)

192 *Geisteswissenschaftliche Behandlung sozialer und pädagogischer Fragen* (1991)

196 *Geistige und soziale Wandlungen in der Menschheitsentwicklung* (1992)

202 *Die Brücke zwischen der Weltgeistigkeit und dem Physischen des Menschen. Die Suche nach der neuen Isis, der göttlichen Sophia* (1993)

205 *Menschenwerden, Weltenseele und Weltengeist. Erster Teil: Der Mensch als leiblich-seelische Wesenheit in seinem Verhältnis zur Welt* (1987)

217a *Die Erkenntnis-Aufgabe der Jugend* (1981)

218 *Geistige Zusammenhänge in der Gestaltung des menschlichen Organismus* (1992)

221 *Erdenwesen und Himmelserkenntnis* (1998)

223 *Der Jahreskreislauf als Atmungsvorgang der Erde und die vier großen Festeszeiten. Die Anthroposophie und das menschliche Gemüt* (1990)

227 *Initiations-Erkenntnis* (2000)

228 *Initiationswissenschaft und Sternenerkenntnis* (2002)

230 *Der Mensch als Zusammenklang des schaffenden, bildenden und gestaltenden Weltenwortes* (1993)

232 *Mysteriengestaltungen* (1998)

265 *Zur Geschichte und aus den Inhalten der erkenntniskultischen Abteilung der Esoterischen Schule 1904–1914* (1987)

294 *Erziehungskunst. Methodisch-Didaktisches* (1990)

296 *Die Erziehungsfrage als soziale Frage* (1991)

297 *Idee und Praxis der Waldorfschule* (1998)

298 *Rudolf Steiner in der Waldorfschule* (1980)

300a *Konferenzen mit den Lehrern der Freien Waldorfschule 1919 bis 1924. Band I: 1919–1921* (1995)

301 *Die Erneuerung der pädagogisch-didaktischen Kunst durch Geisteswissenschaft* (1991)

302a *Erziehung und Unterricht aus Menschenerkenntnis* (1993)

303 *Die gesunde Entwicklung des Menschenwesens. Eine Einführung in die anthroposophische Pädagogik und Didaktik* (1987)

304 *Erziehungs- und Unterrichtsmethoden auf anthroposophischer Grundlage* (1979)

305 *Die geistig-seelischen Grundkräfte der Erziehungskunst* (1991)

306 *Die pädagogische Praxis vom Gesichtspunkte geisteswissenschaftlicher Menschenerkenntnis* (1989)

316 *Meditative Betrachtungen und Anleitungen zur Vertiefung der Heilkunst* (2008)

323 *Das Verhältnis der verschiedenen naturwissenschaftlichen Gebiete zur Astronomie* (1997)

327 *Geisteswissenschaftliche Grundlagen zum Gedeihen der Landwirtschaft* (1999)

348 *Über Gesundheit und Krankheit. Grundlagen einer geisteswissenschaftlichen Sinneslehre* (1997)

351 *Mensch und Welt. Das Wirken des Geistes in der Natur. Über das Wesen der Bienen* (1999)

Einführung in das Schmetterlingswesen

Seite

7 *Taten und Leiden des Lichtes:* Vgl. Johann Wolfgang Goethe: *Zur Farbenlehre. Didaktischer Teil;* Vorwort: «Die Farben sind Taten des Lichts, Taten und Leiden.»

8 *Weisheit lebt im Licht:* Von Rudolf Steiner oft gegebener Meditationsinhalt, vgl. z. B. Vortrag Dornach, 21. April 1924, GA 316, S. 146.

Die Geheimwissenschaft im Umriß: GA 13.

Saturn, Sonne und Mond sollen eben Namen: A. a. O., S. 148.

14 *Maria Sibylla Merian:* (1647–1717) Deutsche Naturforscherin und Künstlerin; ihre Werke enthielten

exakte kolorierte Stiche, vor allem auch von Insekten. Vgl. dazu auch die übernächste Anmerkung.

20 *Instinkt ist das Werk einer göttlichen Intelligenz:* Jean-Henri Fabre (1823–1915): *Das offenbare Geheimnis. Aus dem Lebenswerk des Insektenforschers.* Herausgegeben von Kurt Guggenheim und Adolf Portmann, Martin Linder. München 1987.

21 *Vor 5000 Jahren war der Seidenspinner in China:* Vgl. Wilhelm Hoerner: *Der Schmetterling. Metamorphose und Urbild.* Eine naturkundliche Studie mit einer Lebensbeschreibung und Bildern aus dem Werk der Maria Sibylla Merian. Stuttgart, Urachhaus Verlag 1991, S. 198–204.

31 *Die charakteristischste Eigenschaft der Luft:* Ernst Marti: *Die vier Äther. Zu Rudolf Steiners Ätherlehre. Elemente – Äther – Bildekräfte.* Stuttgart, Verlag Freies Geistesleben 1977, S. 23.

Durch 2500fache Vergrößerung: Siehe Abb. in Hoerner: *Der Schmetterling* (vgl. Anm. zu S. 21), S. 88.

34 *O du / aus dessen ahnendem Blut:* Nelly Sachs (1891–1970): «Abraham», Gedicht aus dem Zyklus «Sternverdunkelung»; zit. nach ihrem Gedichtband *Fahrt ins Staublose,* Frankfurt/M., Suhrkamp 1961, S. 89.

37 *«metamorphosierte Abbilder» von Geistwesen:* Vgl. Vortrag vom 28. Oktober 1923, unten S. 89.

Williams gibt das Artenverhältnis: Carrington Bonsor Williams: *Die Wanderflüge der Insekten.* Übertragen und bearbeitet von Hubert Roer, Hamburg / Berlin, Paul Parey 1961.

38 *Himmlischer, als jene blitzenden Sterne:* Novalis: «Hymnen an die Nacht» (Athenaeumsdruck), in: Novalis: *Werke, Tagebücher und Briefe Friedrich von Harden-*

bergs. Hrsg. von Hans-Joachim Mähl und Richard Samuel. München, Hanser 1978, Bd. 1., S. 151.

39 *Ähnlich wie die Raupen sind auch die Falter:* Vgl. Andreas Suchantke: «Biotoptracht und Mimikry bei afrikanischen Tagfaltern», in: Wolfgang Schad (Hrsg.): *Goetheanistische Naturwissenschaft,* Band 3: «Zoologie», Stuttgart, Freies Geistesleben 1985.

Der Schmelz: Vgl. dazu auch Hoerner: *Der Schmetterling* (vgl. Anm. zu S. 21), S. 129–140.

Schmetterlingsnatur und Pflanzenwesenheit

Aus GA 230, Teil II, «Der innere Zusammenhang der Welterscheinungen und Weltwesen», 4. Vortrag, Dornach 26. Oktober 1923.

43 *Wir haben den Zusammenhang der Erdenverhältnisse:* Vgl. die ersten drei Vorträge vom 19., 20. und 21. Oktober 1923 in GA 230, S. 11–59.

in meiner Geheimwissenschaft im Umriß *die Entwicklung der Erde:* GA 13. Siehe Steiners grundlegende Darstellungen im Kapitel «Die Weltentwicklung und der Mensch».

von der uralten Saturnmetamorphose der Erde: Steiner bezeichnet die dem jetzigen Planeten vorangehenden Entwicklungsstufen der Erde mit «Saturn», «Sonne», «Mond», die nicht mit den gegenwärtigen Planeten zu verwechseln sind.

45 *von der ich ... in den jüngst verflossenen Tagen gesprochen habe:* Vgl. Vortrag vom 29. August 1923 in GA 227, S. 241–258 und Vortrag vom 2. September 1923 in GA 228, S. 73–75.

49 *als die kosmische Verkörperung des Gedächtnisses hier schon einmal geschildert:* Vortrag vom 19. Oktober 1923, GA 230, S. 22–25; vgl. Anhang, S. 118.

51 *Ich habe Ihnen beschrieben, wie das eine Hingabe:* A. a. O., S. 23; Vgl. Anhang, S. 119.

52 *die Kromlechs, wie ich Ihnen das beschrieben habe:* Vorträge vom 9. und 10. September 1923, GA 228, S. 85 f., 89–94, 103–117. – *Kromlech:* Steinkreise (oder -halbkreise) der Megalithkulturen (von walisisch *crom,* «Krümmung, Kreis» und *llech,* «flacher Stein»).

58 *Urzeugung:* Frühere Vorstellung von der elternlosen Entstehung organischer Wesen.

Vergeistigung der Materie durch den Schmetterling

Aus GA 230, Teil II, «Der innere Zusammenhang der Welterscheinungen und Weltwesen», 5. Vortrag, Dornach 27. Oktober 1923.

59 *haben es an ein paar Beispielen gezeigt:* Im 2. Vortrag vom 20. Oktober 1923, GA 230, über Adler, Löwe und Kuh.

was ich in den letzten Tagen über die Schmetterlingsnatur gesagt habe: Vgl. GA 230, a. a. O., S. 23 ff., und den ersten hier abgedruckten Vortrag vom 26. Oktober 1923.

60 *und ich habe Ihnen gesagt, daß das Merkwürdige darinnen besteht:* Vgl. GA 230, 3. Vortrag vom 21. Oktober 1923, S. 46.

62 *Wir konnten vom Vogel ... sagen:* Vgl. a. a. O., S. 53.

73 *wie ich hier ausgeführt habe, daß der Saturn:* Vgl. Vor-

trag vom 27. Juli 1923 in GA 228, S. 18 f.

76 *was ich Ihnen in den Vorträgen hier geschildert habe als den Drachen:* Vgl. die Vorträge in GA 223.

77 *die neue Form des Streites des Michael mit dem Drachen:* A. a. O.

Schmetterlingskorona, Erdenevolution und Wiederverkörperung

Aus GA 230, Teil II, «Der innere Zusammenhang der Welterscheinungen und Weltwesen», 6. Vortrag, Dornach 28. Oktober 1923.

80 *Wir werden später das andere Insektenwesen noch genauer betrachten:* Vgl. GA 230, 7. Vortrag vom 2. November 1923, S. 123–125.

91 *wiederum hereinrufen in das neue Erdendasein:* Siehe hierzu auch unten, S. 153 f., die Schilderung des Neophyten im achten Bild des Mysteriendramas *Der Seelen Erwachen* von Rudolf Steiner («Es nahten ihr wie Falter ...»).

Daß das alles so ist: Siehe hierzu auch den Vortrag vom 16. Juli 1921 in GA 205.

94 *Es hat hier einmal Dr. Wachsmuth:* Guenther Wachsmuth (1893–1963) studierte Naturwissenschaften, Rechtswissenschaften und Nationalökonomie. Promovierte in Rechtswissenschaften. Von Rudolf Steiner 1923 in den Vorstand der Allgemeinen Anthroposophischen Gesellschaft berufen. Dort Schatzmeister und Leiter der Naturwissenschaftlichen Sektion. Siehe seine Schrift *Die ätherischen Bildekräfte in Kosmos, Erde und Mensch,* Stuttgart 1924.

97 *Ins Innre der Natur dringt kein erschaffner Geist:* Ausspruch des Berner Arztes, Dichters und Botanikers Albrecht von Haller (1708–1777) aus dessen Lehrgedicht «Die Falschheit menschlicher Tugenden». Goethe schrieb als Entgegnung auf diesen Spruch das «Dem Physiker» gewidmete Gedicht «Allerdings»: «‹Ins Innre der Natur –› / O du Philister! – / ‹Dringt kein erschaffner Geist.› / Mich und Geschwister / Mögt ihr an solches Wort / Nur nicht erinnern: / Wir denken: Ort für Ort / Sind wir im Innern. [...]»

99 *Gehirnsand:* (Acervulus cerebri) Ablagerung von Kalzium- oder Magnesiumsalzen in der Zirbeldrüse.

ein Idiot oder ein Kretin: Medizinische Bezeichnung für geistig schwerstbeeinträchtigte Menschen.

100 *Wir werden nun wieder aufsteigen:* Vgl. GA 230, 7. Vortrag vom 2. November 1923.

Vorträge im Anhang

Der Schmetterling als Bild der unsterblichen Seele
Aus dem Vortrag Dornach, 11. August 1919, GA 296, S. 56–59.

Metamorphosen
Aus dem Vortrag Dornach, 8. Oktober 1923, GA 351, S. 18–24

Aus dem Licht heraus geboren
Aus dem Vortrag Stuttgart, 15. Oktober 1923, GA 302a, S. 117–119.

Gewobenes Sonnenlicht
Aus dem Vortrag Dornach, 19. Oktober 1923, GA 230, S. 22–25.

118 *wir werden sie morgen und übermorgen etwas genauer betrachten:* Steiner kommt erst im Vortrag vom 26. Oktober 1923 darauf zu sprechen (siehe oben S. 50 f.)

119 *Kromlechs ... Druidenmysterien:* Siehe Anm. zu S. 52.

Notizbucheintragungen, Weitere Äußerungen

Die Notizbuchaufzeichnungen Rudolf Steiners zu diesen Vorträgen sind erstmals (ohne Faksimiles) erschienen in Heft 40 der Schriftenreihe *Beiträge zur Rudolf Steiner Gesamtausgabe,* Dornach 1972, die von Walter Kugler und Werner Schäfer besorgte Zusammenstellung weiterer Äußerungen Rudolf Steiners über den Schmetterling in Heft 104 der *Beiträge,* Dornach 1990.

160 *Feuerwesen:* Die Feuerwesen oder Feuergeister sind die von Rudolf Steiner dem «Wärmeartig-Lichtartigen», bei der Pflanze der Blüte zugeordneten Elementarwesen (vgl. GA 230, S. 120).